先进文化传播文库

Xianjin Wenhua
Chuanbo Wenku

文化创意理论生发

周自祥 | 著

光明日报出版社

图书在版编目（CIP）数据

文化创意理论生发 / 周自祥著 . -- 北京：光明日
报出版社，2019.1（2023.1 重印）

ISBN 978 - 7 - 5194 - 4928 - 5

Ⅰ.①文… Ⅱ.①周… Ⅲ.①文化产业—研究 Ⅳ.
①G114

中国版本图书馆 CIP 数据核字（2019）第 034291 号

文化创意理论生发
WENHUA CHUANGYI LILUN SHENGFA

著　者：周自祥			
责任编辑：庄　宁		责任校对：赵鸣鸣	
封面设计：中联学林		责任印制：曹　净	

出版发行：光明日报出版社

地　　址：北京市西城区永安路 106 号，100050

电　　话：010-67014267（咨询），63131930（邮购）

传　　真：010 - 67078227，67078255

网　　址：http://book.gmw.cn

E - mail：gmrbcbs@ gmw.cn

法律顾问：北京市兰台律师事务所龚柳方律师

印　　刷：三河市华东印刷有限公司

装　　订：三河市华东印刷有限公司

本书如有破损、缺页、装订错误，请与本社联系调换，电话：010-67019571

开　本：170mm×240mm	
字　数：190 千字	印　张：12.5
版　次：2019 年 1 月第 1 版	印　次：2023 年 1 月第 2 次印刷
书　号：ISBN 978 - 7 - 5194 - 4928 - 5	
定　价：78.00 元	

再版前言

"若到江南赶上春，千万和春住"。住在长沙的"西子湖畔"，脑海中似乎常会有与再版事宜再相称不过的"淡妆浓抹总相宜"那般奇句弹幕式飘飘而过。文化创意是当下的举国大课题，处于烧烤模式的相关从业者别无选择，只能是一路向前。文化创意以鬼斧神工绝对低成本零污染的与众不同的现实与非现实问题解决方式吸引着全世界的目光。

为了一开篇就显得精彩，我花了许多时间"擎"出来个"6S"方案，作为一个完美创意方案的代称，第一步展开简单到只是串在一起的6个三位数：106、107、108、178、180、182。初一看，没什么味道，做一次计总，结果861，意义出来了，"8"是代表中国雄姿英发的年轻范儿。这组数字中间大多都有"0"，鲜活地体现着圆与直线的特征，由此关联系此时俄罗斯世界杯决赛阶段球场纯白的标记，升级着世界体育文化运动传播的艺术，展现大型赛事中一道靓砚的风景。

将湖南湘潭大学"三道拱门"校门视作新时代中国文化创意第一图，需要挖掘其丰富的故事性，而且其已是网络舆论公认的中国最哲学的大学校门，其野生野长且能长成的刚健劲儿，恰是优质文化创意品格的追寻。想象其华丽转身即变形成三座雄壮的黄钟大吕，我们期待着其源源不断地发出高妙的文化创意的天籁之音与"后皇嘉树橘徕服兮"般美不胜收的美丽语言。

　　理论是思想的浓缩，是剧本的剧本。中国文化创意理论注定要主动追求中国与世界的难度、高度与深度，美化黄土地上"几何裂变"出的文化时代气息与恒定文化基因。如何首先用中文表达原创学术概念与学术观点，是对中国文化创意理论的一种时代要求，但这并不是意味着我们要排斥外部资源，如 USP 理论可称得上世界创意理论发展史上优质理论材料，适合放到中国这块沃土上重新成长。书中对信息概念与汉语拼音方案的创意理路的新解，对"锥形广告范式"、"创意质数"、"968 模式"、"卷息传播"、"信息球"等新概念的提出及相关抽象图式值得着重了解。

　　公元 2018 年是中国与世界太多大事件的再总结与新发展的时点。2018 年是中国共产党成立 97 周年，新中国成立 69 周年，改革开放 40 周年，汶川地震 10 周年，北京奥运会 10 周年，香港回归祖国 21 周年，澳门回归祖国 19 周年，世纪宝宝一代的成年礼高考年……

　　出版行为亦可视作一种时间标注，一种承前启后，本书第十六章之后的三章为本次再版新加，2016 年第一版时书名为《文化产业理论沉思》。再版意味着一种新实体的形成，也意味着文化创意大领域的中国理论加注、相关元素与学术观点的一种盘活与生长。

第一版前言

　　我们需要一双探索与发现的眼睛来预测、判断与把握趋势，穷究地追问历史与天空，最后一定会回归俯身足下。

　　广告专业是一个专职"做梦"与打造梦的行当，而我作为在大学讲堂上教授广告知识的教师更多的是在做着"坐井观天下"的事情，习惯了远距离看事物，移步换位找视角，也许这些年我的所有造句都在用一个句型，即 If…then，不妨译为"如果……就"。最是星辰须留意，也许，在与他者的关联中、在细微的关联中创造与放大新价值是这个专业最大的"天空"。

　　大自然中的火、风、雷、电、水、雪、冰、霜现象历经人类世世代代在精神领域的集体沉淀，已成为有着丰富内涵的精神意象。如人类社会有着悠久的用火历史，而第一次的火来自自然界的雷电。人们发现火能替自身服务，能取暖能烤煮食物能或攻击或自卫，从此人类开始有意识地研究制造和控制火的技术。在古代，我国古代人民早就开始利用凹面镜对着太阳取火了。人工取火是远古劳动人民长期实践经验的总结，它在很大程度上体现着人类文明的进步。可以说，没有火，便没有人类社会，更没有人类发达文明的今天。因为有实体的火，我们有了看不见的精神领域的"火花"的概念，同理我们可以造句说，没有思维的火花，便没有人类社会，更没有人类今天高度发达的文明。

　　当今国家力推文化产业发展的选择本身体现着战略思维的力量，文化产业贡献的不仅是自身的经济数据，更有着对社会其他行业强大的引领、拉动与推动作用，助推社会抢抓关键机遇实现经济社会结构优化转型。

　　对于成型的研究成果，有人能"马踏飞燕"，有人能"一日阅尽长安花"，也有人能专事"捉虫"。本书某种程度上是个人摸索种植的产出，技术原始，但情感真实，没有撒药，露珠与虫子并存，如本书火花式的微思想与表达的微行为能擦撞到他者，产生出新火花，是著者乐意看到的。

目　录
CONTENTS

信息：文化产业的学术根基

这是信息的世界，亦是信息的时代，信息无孔不入、无处不在，信息的幽香从不打烊。本人这些年的学术探索，有较大研究价值的思考可归结到两个层面的问题：一是如何从课题的小切口超越出来，将所研究的大主题与所在学术领域结合起来建构起较广泛学术领域的可持续长期研究的大学术问题；二是致力于建构起一个总括性的称得上结题成果的"对口的"学术基础观点。发展出的大判断是：第一个层面的问题可以浓缩为文化产业在中国当代发展的新模式、新起点。第二个问题要追索到对更基础的"信息"内涵的建构与开掘。于是有了如下基础观点，信息：文化产业的学术根基。

关于文化产业在中国当代的最高学术建构与出场问题，考察我国当下文化产业学术研究与实践已经取得的成果，可以放飞我们的学术想象，这一学术主题已是对中国学术界相关领域的学术共同体集体智慧的考验，是中国矛盾与机会的聚合体。中国已深度融入世界，引领与影响着世界潮流与航向，毫无疑问，中国的焦点学术题材亦是当今世界学人的关注对象，亦可以说考验着世界学术的智慧与力量。一个高位的学术概念往往能吸引更多研究注意。这个问题不同的角度可以有不同的答问方式。综合本书立论，可以形成如此学术判断：文化产业研究特别承载着中国学术与中国转型的当代传奇。

一、1.1 首诗

这里特别规定，"1.1 首诗"特指如下的一首诗与一句诗。这"一首"特指南宋诗人杨万里的《晓出净慈寺送林子方》，诗句是：毕竟西湖六月中，风光不与四时同。接天莲叶无穷碧，映日荷花别样红。这所谓的"一句"特指诗人李中《碧云集·暮春怀故人》中的"梦断美人沉信息"。如果说随便从无以计数的世界诗歌库中抓出个一首半首诗歌就将世界万事万物解释了个遍，这个"如果"肯定走错了方向。但如果我们换种方式，将 1.1 视作拓扑结构，就会发现早有先行者有此思路。如《道德经》中有名句"三生万物"，印度经书中有以万物、大象、龟的 3 个层级承载，马王堆"T"形帛画中有大千世界最底层以一人的头与两只上举的手这三个支点合力撑起。今天以创意思维来看，1.1 中的"."很容易放大联想成 0，横线竖线斜杠或无形的黏合剂，于是可关联到 101、111、H、Z、N、1 等有意义的"新的"信息。于是，司空见惯、平淡无奇的筷子般的 1.1 似乎可牵引出有超级解释力的特别结构符号。

　　关于"信息"内涵的建构与开掘是一个难度很大的问题。关于既有文献对"信息"概念的多维探究，很容易找到上百种定义，《西安交通大学信息哲学丛书：中国的信息哲学研究》认为近三十多年来，中国人自己提出的有影响的关于信息本质的理论有五种：状态说、相互作用说、反映说、意义说、自身显示的间接存在说。在此，无意一一评说各个定义，每一个定义都是共同体学人各自"费思量"的结果，是对既有学术产出的承继、丰富与发展。但有一个感觉是什么呢，就是我们太过将"信息"视作陌生概念，花了太多心思导入更多外部资源来理解熟悉这一词语或拓展这一词语的含义。但今天"信息"一词已经是"词语之王"，如果只用一个词通透阐明这个世界一切事物，那这个词非"信息"莫属。因而，我们似乎可以开掘一个思考方向：将"信息"视作我们熟悉的概念、熟悉的最大资源，我们从中能发掘出什么。或者通俗点说，如何在概念的内涵上找到显著的实践指向，有做不完的事情，抑或者说人们每说一句话、每做一件事都会鲜明地关联到我们给定的内涵。我们的先贤在处理这种比较棘手的问题上早已注意到语法的力量、实践指向的重要。如《道德经》第一句"道可道，非常道；名可名，非常名"。《大学》开篇第一句："大学之道，在明明德，在亲（新）民，在止于至善。"前者将一个作者最初勉强命名的一个汉字"道"（《道德经》第二十五章：有物混成，先天地生。寂兮寥兮，独立而不改，周行而不殆，可以为天地母。吾不知其名，强字之曰"道"，强为之名曰

"大"），经这漫卷一切而又极为简单的语法表达，两千余年后的今天，"道"的概念已至高无比。这将语言自身的功能发挥到极致。后者显然意识到抽象到极致并不能完全解决问题，转而换种方式，强调实践指向，接下来才是具体观点的表达。由此启发我们在概念定义上可重视语法与语词本身的力量，在不影响具体观点内涵的前提下，讲究用词与语法表达方式，以尽量少而合适的词来定义概念。有此分析，我们将上面发生出的较有稳定感的"111"再转化一下，对应到数字 7（因为很容易计算出 7 的二进制表达为 111）。于是我们建构一个 7个字的概括也就有更丰富的根基意义，综合起来，笔者认为可发展出如下结论：信息即万物与信息本身的"别样（形状、种类、标准）表达与翻译"。此概括好似由这 1.1 首诗中的意象要素想象成的"花中君子"与"信息美人"合影的简约摹写。生物学研究表明，一亿三千五百万年前，在北半球的许多有水地域即有莲属植物的分布。我国许多地方发现的沉睡了千年的莲子在今天仍然能生根发芽。由此引发我们思考一些平时很少追问的有着浪漫色彩的基础问题：在荷花或者说植物在地球上产生之前有信息存在吗？那在更遥远的地球自身生成之前呢？在人类诞生之前荷花生长是否与信息有关？诸如此类的信息设问，直接回答会很有争议，但在上述定义中借助语法力量却能找到"别样"理解方式。

需说明的是，上面这种赋予 1.1 特别意义的方式，亦可视作对定义中"别样"一词力量的进一步列举解释。这里要特别指出的是"别样"二字可有更丰富的理解，除了理解成一个词，形容词或动词，还可理解成无限互动着的两个词，"别"与"样"。既有的任何东西都可视作一个"样"，而对于"样"的任何摹写与任何变动都可视作"别"的结果，这一结果又旋即成为新的"样"。在中文语境中，"别"字既有"分解""差异"的含义，又有"结合"的含义，如将花别到上衣口袋。于是这一表达方式便有了如同计算程序进行无限次运算的能力。每一轮信息产出终点又是新一轮信息产出的起点。信息具有让事物及自身无限重组、无限更新的特性，是人类智慧产出的"永动机"，生生不息。

二、中国文化：世界信息海洋中的温润暖流

回到香农模式，著者认为可将信息分成两种：一种是香农信息，指不考虑

意义的信息，一种是非香农信息，指偏向意义的信息。偏向意义信息不能简单以"it为单位度量。如一句好广告语胜过长篇大论的传播材料。这种分类方式与西方学术思维不一样，是一种中国式的"你中有我，我中有你"的复杂关联的思维方式，现有文献中没有如此认识。因为当今西方学术强调一组平行学术概念之间要绝对泾渭分明，依此思考路径，非香农信息符号化表达后就可视作香农信息就说不通。但著者认为，因为学术发展已到这样一个有鲜明特点的时候，这种处理方式反而最为省力，易于理解，将信息的显著意义与一般信息符码区分出来。我们对于香农信息的研究与处理能力已高度发达，已能够以极低成本解决信息符码复制与传播问题，且能随时随地进行互动符号交换。非香农信息因涉及意义问题，问题变得非常复杂，所以传播学领域诸多经典理论研究都倾向探讨传播效果，实际上讨论的主要是非香农信息层面的问题。这两个层面的冲突在广告营销领域的"哥德巴赫猜想"中得到较鲜明体现，那就是19世纪美国商人约翰·沃纳梅克（John Wanamaker）提出的"我知道在广告上的投资有一半是无用的，但问题是我不知道是哪一半。"在此，对这种对半开的表述我们很容易简化成广告营销界的"1.1"难题。后来的杰出广告人大卫·奥格威的广告无谓浪费，所有广告都是对品牌的长程投资之类的观点似乎有意无意地在彻底解决这一难题。这一思考方向可以说为广告主带来了好消息，表面可以说回答了问题，但只是实践层面的经验回答，没有在理论上找到较牢固的根基，后来出现更有影响力的定位理论、整合营销传播理论等证明奥格威的观点是在特定环境中才有较强解释力，因而并没有在理论上真正深层回答问题。也就是说"1.1"难题上确实凝结着理论深化的价值。这个问题放大来看是一个复杂的学术大问题。著者认为，即便在今天基于大数据的精准传播也依然没有真正解决这一难题，反而加大了这一难题的研究价值。因为，依逻辑对某个广告主而言，当今的广告传播应投资更少效果比原来更好，但现实是广告主普遍投资增大了效果却减少了。这实际上也为今天的传播学研究寻到一个着力点。要更深入的回答这一问题，不妨超越媒介、符号、传播效果，追问到更基础的信息本身的特性。这样前文偏向中国文化思维方式的定义就显现另外的解释力量。中国文化深层中有"生生不息"理念，我们不妨在此基础上建构关于信息自身特性的最基础假设：信息能量可以不守恒，信息能量与其在特定时空中的相关基础常识累积程度以及新意的深度与可亲近度成正比。正是基于这一认识，在最后一章发展出了较具包孕性的关联着的"信息球"与"思维浮桥"的新概念。基于这一思路，我们可以形成"1.1"难题的一种理论解释，即要认识到广告主考虑的是广告的短期单纯销售效果或自己品牌效应，而对复杂的长期广告传播效果或者说广告的外部性并不真正关心。实际上，信息广种之后，会形成一种基础积累，可能为另外商家的广告效果提供意义共鸣触发点。这一点可能正是当今放大"精准传播"力量所要特别关注的，我们的基础共识到底是在增加还是会减少，个人化知识与个性信息的增加与储备是不是有利于沟通基础共识与社会共识的增加。容易理解的是，基础知识、人文艺术知识的加强与普及传播有了紧迫性。以此放大来看，中国文化传播已有世界最特别的时间长度与空间广度，已经具有较好基础常识积累，因为资源的丰富性，如果有较好的接口意义转化方式，便可在非香农信息这一信息意义价值思考方向上开掘出大的价值。尤其是中国艺术价值、中国美学价值。由此，可将中国文化建设成世界信息海洋中的湿润暖流，借助现代传播与全球化力量，创造更多价值。而当今的文化产业已成为比较成熟的文化价值运作方式，由此，发展出基础观点，信息：文化产业的学术根基。

有了如上理论建构，不由联想到"一块"藕（偶）然（很喜欢"别用"这一个"藕然"词）看到的有各种说法的"信息碎片"：1988 年 1 月，75 位诺贝尔奖得主学术聚会巴黎，四天会议讨论出的主张之一是："人类要在 21 世纪生存下去，就要从 2500 年前孔子那里去汲取智慧。"若从世界"最强大脑"集团若有若无的数字学术观点高级幽默装饰技术去思考，更多的补充已不需要，这个"信息碎片"本身就已写成用中国话说是"出水芙蓉"空中出场的奇妙文章，迁想妙得，意味深长。

第一章

大理念：平民化理念

一、"平民"概念的内涵

"现代学者中有主张用否定的方法给'平民'下定义，笼统称之为非贵族集团的成员"。① 依据现实我们不妨将"平民"视为非精英集团的成员。精英集团的成员主要指掌握着政治、经济资源及话语权的权力精英、经济精英及知识精英。这是因为"平民"一词内涵丰富，争议也较多，何况"平民"概念是一个随社会发展而演变的概念。

二、重新定义"平民化"概念

以"平民"概念为基础的"平民化"一词仅在媒介领域，我国许多研究者就曾从不同的角度对它进行过探讨。

有从电影媒介探究平民化的，研究者认为 20 世纪 90 年代的中国影坛，在历经了对电影手法的执着探求和对历史文化的总体观照之后，终于把视野转回到了现实人生，开始将目光投向大众的日常生活，普通的寻常人家，"讲述咱老百姓自己的故事"。"中国电影的平民化倾向，是电影本体与观众相互选择从而磨合整一的必然结果"。"描写实实在在的平民人生，是平民化倾向电影的一个显著特征。在这一点上，很明显与贵族化相对立"。"平民化影片大多平实而温馨，充满了朴实而浓郁的亲情，饱含着作者对传统精神的守望。"②

---

① 胡玉娟. 罗马平民问题的由来及研究概况 [J]. 史学月刊, 2002 (3).
② 刘小卉. 因为懂得，所以慈悲——浅论九十年代中国电影的平民化倾向 [J]. 电影创作, 2000 (4).

有从电视媒介看平民化的，如有研究者认为"平民化"的内涵有四：一是素材选择视角，"平民化"一词的意义集中在节目素材的选择上，即从普通百姓的生活视角、审美趣味出发，观察生活，决定取舍，抓拍镜头。二是白话式的叙事，"平民化"使电视叙述形式得以改变，白话式的叙事扬弃了旧日盛行的中心陈述方式。"白话式"的叙事遵循事件发生、发展的自然形态，以原生态材料稍加组合构成节目，节目表面看起来结构随意、平和，却往往能在不断的镜头延续中，触及事件本身的内在含义。三是追随生活的制作流程。"平民化"的电视制作的整个流程之中的体现，首先是对"主题先行"的反思。不在生活中寻找所要的东西，而是努力判断生活中到底发生了什么。"平民化"的提倡最大限度地参与生活，同时又强调这种参与绝不是导演和改变。四是在美学风格上，"平民化"并不等于平白浅露，它有自己美学上的追求，在创作上，它力图寻找"以我观物"和"以物观物"两种创作方法的统一。在美学形态上，"平民化"追求自然和本色。①

也有从报纸媒介探求平民化的，有研究者认为平民化作为一种社会文化的潮流，引起了担负文化载体角色的大众传媒从理念、结构到内容、形式上的一系列改变。媒体从仅强调由上而下的指导性转而开始强调对普通人的服务性，并认为引导的功能应建立在服务性基础之上，并以《新民晚报》的"五色长廊"专栏为例，指出平民化的丰富内涵包括：亲近性、个性化、深度情感。②

也有研究者认为"民众由说教的对象转变为服务的对象，越来越多的主流媒介主动选择了平民立场，媒介的平民化成为20世纪90年代我国大众传媒发展的重要现象。""讲述老百姓自己的故事"风行一时。这类栏目着力表现生活在社会底层的小人物，在他们的身上找不到某种主题叙事所需要的闪光点，他们的生活是艰辛的，也是平淡的。但正是这些平凡人物却留存着中华民族的坚忍和善良。这些栏目无一例外地受到普遍的欢迎，产生了良好的社会效益和经济效益。在市场经济条件下，报纸市场的消费主体则是市民，市民手中的货币

①　王朝晖．"平民化"——制作理念和实践［J］．中国电视，2001（3）．
②　周正昂．晚报特稿平民化的丰富内涵—由〈新民晚报〉"五色长廊"专栏看晚报特稿写作的平民化［J］．新闻与写作，2001（11）．

选票促使报纸主动追求市民化。①

不容否认，上述的研究成果都有各自的道理，但他们似乎将"平民化"一词理解得过于狭窄了，认为平民化理念永远只是对社会底层人群的观照。其实，应这样理解：平民化意味着将平民（在中国也称老百姓）的立场、价值观和需求向社会各阶层各领域扩散。社会生活中每个人都充当着不同的角色，但是不管是充当什么角色，但总有作为"老百姓角色"的时候。研究者认为："所谓报纸平民化的'平民'并非与'贵族'相对，而主要是强调一种平民的视角，即从普通老百姓的角度看问题。市长回到家中翻阅报纸，同样会关心油盐的价格、房屋装饰材料质地的优劣等。从这个角度来说，市长也是平民。"②

"平民化"也就是尽力将每个人身上的"老百姓角色"部分取出来，平等视之。"老百姓角色"是不断发展变化的，因而"平民化"是一个动态的概念，它处于不断发展演进之中，其中充满了无限的可能性，也正因为这样才有了不断研究的必要。

我们可以将平民化提升到一个理念的层次来理解，于是概括成，平民化理念核心是以人为本，平民化在本质上是社会平等化。

平民化理念因此具有了丰富的内涵，我们甚至可以将平民化理解成一种自觉的理论主体意识，一种手段，一种处事态度，一种生活方式。它表现为人们的政治参与意识的提高，公共道德观念的增强，审视社会关系的新视角，人与人之间的关系的新方式，舆论环境的宽松。

三、平民化理念的理论与现实价值

这种理念在传媒领域中的反映可称为媒介平民化理念。媒介作为汇聚和共享信息的传播工具，可以将它人格化，媒介在选择了它所能选择的、获取了它所能获取的、克服了它所能克服的东西的同时或之后，也必然给出它所能给予的东西。比如舆论监督、媒体救助、比如提供激发人、鼓舞人生活热情的故事

---

① 田秋生. 广东报纸文学副刊的平民化和娱乐化走向 [J]. 广州大学学报（综合版），2001（3）.

② 陈丽霞. 试论报纸的平民化趋向 [J]. 新闻与信息传播研究，2002（夏季号）.

和形象。

从传媒实践来看，传媒多年凝固不变的传播观念确实发生了很大变化，传媒的角色从居高临下的"我对你说"宣教者，转变为力求平等的"我和你说"的交流者和信息传递者，导致了传媒的传播内容、传播方式、传播角度、经营方式等具有了一种平民意识。这种平民意识以一种平民化的价值取向与平视生活的角度观察和思考，记录和传递。有的学者甚至将 1991 年前后随着"周末版"大潮带来的这一根本性的变化视为我国传播业的第一次"平民化革命"。①如同武汉大学罗以澄教授的分析：媒介平民化实际上是媒介"人本"意识的觉醒，是新闻传播活动本意的回归，也是马克思主义新闻观的回归。②

将平民化理念位移到抽象这架楼梯的最高一级往下看时，我们发现，当前我国使用频繁的一些概念其实是这一理念具体化的表现。如"三贴近"（贴近实际、贴近生活、贴近群众）原则，"三个'贴近'"角度不同，侧重点不同，但有一点是共同的，就是密切联系人民群众。③ 又如"大众化"和"分众化"这一对看似对立的概念，实际上都统一在媒体平民化理念之下，大众化强调规模化地满足大多数群体受众需求，而分众化则强调满足部分受众甚至个人的多层次的需求，尽量满足受众多方面需求，这是媒介平民化理念"以人为本"核心的体现。

之所以让平民化理念"出场"到文化产业领域，是因为赋予了新内涵的平民化理念在文化产业上升到国家战略加以举国发展的大环境中能起到理念导航与实践工具的双重作用，具有强大的历史与现实包容力，承载着强烈的中国主体性价值诉求，而这直接影响着我国文化建设的现实与未来。

（本章主要内容曾以《媒介平民化理念的思考》为题发表于《当代传播》2005 年第 2 期，《新华文摘》2005 年 11 期摘要收录，系著者第一次投稿发表学术论文。）

---

① 喻国明. WTO 背景下中国媒介产业的机遇与挑战 中国媒介产业的现实发展与未来趋势 [J]. 新闻与传播，2002（5）.
② 罗以澄，毛晓梅. 关于当前媒体市场现状与走向的对话 [J]. 新闻与传播评论，2001：235，武汉大学出版社，2002.
③ 南振中. 对"三贴近"本质和核心的思考 [J]. 新闻战线，2002（12）.

第二章

活动产业与超级女声的文化位置

活动产业是一个新兴产业，是对会议、展览会、体育赛事、旅游节庆等各种细分活动总称，随着我国的和平崛起，近年来我国活动产业发展尤其迅速，每年举办的各种活动场次近万。这些活动不但助推了国家和地方形象的树立和提升，还传承了文化，也带动了经济的发展。因而在理论层面对这一产业进行案例式剖析有着较强现实意义。本章主要从以湖南卫视发起的曾红遍全国的电视节目《超级女声》为例，算是对在喧嚣之后的冷思考。

发端于2004年，连续三年举办的省级媒体湖南卫视的娱乐节目超级女声，是一场全民参与的媒体选秀活动，一度成为国人乃至海外人士的热门话题和文化事件，曾吸引了世界近六亿观众的眼球，被公认为中国有史以来最火爆的电视节目，在全国所有的选秀活动中处于领先地位。在成功地运用先进传播技术和手段对超级女声所形成的文化舆论共振效应进行商业开发的同时，隶属湖南广电的天娱公司成功地进行了超女产业链的后延开发，极大提高了湖南卫视和湖南广电的品牌影响力，从而改变了以往的媒体"赔本赚吆喝"或空剩注意力的局面，媒体艰难地寻找到一条文化与市场共生共赢的可持续发展之路。

关于超级女声的支持声浪很高，但关乎它的不利舆论也此起彼伏，超级女声常常被推到社会舆论的风口浪尖，但作为新生事物，靠着自己韧劲，它总能峰回路转，展现出顽强的生命力。

在一切冷下来之后再审视超级女声节目更有助于我们客观冷静地析出规律性的东西，这关乎我们对当代文化的审慎态度，关乎我们对文化可持续发展的思考，关乎我们每个人的具体境遇。

一、文化理念的"领先一点"

文化是一个包孕性极强的概念，也是一个意义非常含混的概念，它具有多重层面的含义，我们在讨论文化时，先确定是在哪个层面上讨论是非常必要的。现今已有的研究对文化的理解大致有五个层面：（一）文化即知识，这是狭义层面的理解，也是最常见的一种对文化的理解；（二）文化即以知识为载体的思想、观念、精神、价值系统。这依然属狭义层面的理解。不过这种理解比上面更宽泛，它不仅包括了作为人类认识成果的知识，而且包括了人类从事知识创造活动的内在精神世界。（三）文化是由一定的习俗、观念和规范形成的某一群体的生活方式或行为模式。文化这一层面的意义又比上面的更为宽泛，它已超出了思想观念的内在空间，指向了由一定价值观念所指向的习俗和生活的具体样式。（四）文化是指人类社会实践过程中所创造的物质财富和精神财富的总和。这一层面的理解将文化与"自然"对立起来，凡是没有经受人的本质力量对象化的东西，是"自然的"，反之，凡是打上人类活动和精神印记的东西，都是"文化的"。文化是人类生活方式的历史性累积和历史性发展，大文化观就是将人类的生活方式视为一个文化整体，这一文化整体具有从物质到精神的文化两极构成，在这二者之间还存有文化的中介构成，这些中介构成主要指对物质文化与精神文化进行社会调控的制度文化。这是广义层面的文化理解。这一层面的文化有时又被称作"大文化"概念。它包含了前面所论及的三个层面的含义。（五）文化即"人化"。这里的"人化"既侧重于人类创造活动由内在的思想观念、价值取向向外在现实的物化过程，说明人创造了文化；同时又从人所创造的文化精神、文化制度、文化产品对人的影响和塑造，从"外在的文化"回溯到人的内在精神和人格的养成，说明文化创造了人。这一层面是对文化最为抽象的、在哲学上的理解。

《超级女声》作为一种文化现象，植根于当代文化理念，当然其具体的文化运行模式也居功至伟。而文化理念和文化模式问题必然涉及到文化同政治、经济的一体化关系，尤其是文化模式本身主要就是一种制度和体制范围内的事情，而不是思维模式这一精神领域内的问题；并且从全球文化发展趋势来看，文化问题越来越与政治、经济走向一体化了，研究者已很难抛开政治与经济而就仅仅文化论文化。事实越来越清楚地表明：不仅科学技术在推动生产力的发展和社会的进步，而且制度创新、观念的变革、文化精神也是推动社会进步和文化发展的有力杠杆。① 如同有研究者指出的："在今天看来，只要是观念、立场、方法变了，就可以换取'滚滚而来的财富'和'源源不断的效益'……我们称之为文化知识的一切东西，已成为发展的基础……正是在这一意义上，我们说今日的世界已进入了一个大文化时代。"②

"理念"这一概念最早可追溯到古希腊哲学家柏拉图，他曾经常使用这一概念，其主要含义有三：其一，理念是一类事物的原型，是无限的、永恒的、完善的，具体事物只是原型的特定存在；其二，理念是事物的理想。理念作为"原型"是脱离具体事物而存在的观念性的东西，可以说理念是具体事物所追求的理想目标。事物只有达到了理念这一理想目标，才实现了自身的"完善"；其三，理念作为一个形而上的"本体"，作为事物的"理想"，成为具体事物参照、模仿的目标，因而从根本上成为人们评判事物是否完善、是否合理、是否优良的价值标准。

文化理念就是关于"文化"的原型、理想和价值目标的理性自觉。确定了文化的理念，也就确立了文化的原型、文化的理想蓝图和文化的价值目标。

《超级女声》的文化理念直接导源于湖南广电集团历经多年探索并坚持的文化理念，而这种理念又与湖南广电集团身处的湖湘文化环境和当今我国的具体现实文化环境以及伴随经济全球化而来的文化全球化浪潮的大背景息息相关。

湖南媒体文化的日渐繁荣与深厚的湖湘文化底蕴有关，在湖南从事文化产业有着得天独厚的条件。在这种文化的熏陶之下，湖湘人民内化了"敢为人先"的优良理念并身体力行，付诸实践，一直走在时代的前沿，提出了"立足本省、面向全国，走向世界"的口号，把视野和运作空间放在全球。湖南地方政府的大力支持成为湖南文化产业发展的坚实后盾，使文化产业获得了良好的政策、

---

① 邓安庆，邓名瑛．文化建设论 [M]．湖南人民出版社，1998：6.
② 文选德．关于社会发展与文化建设的思考 [M]．中国人民大学复印资料《文化研究》，1996（3）：20.

政治氛围。正是在这宽松的社会政治环境下，长沙这座穿越了三千年历史风雨的具有深厚底蕴和潜在张力的文化古城，因湖南电视人将"敢为人先，开拓创新"的湖湘精神转化为切近时代的文化理念并付诸实践而焕发生机。

随着传播技术的日新月异与平民化，贵族式的文化已不再占据主流市场，大众文化是当今全球最流行的文化，以至于全球性文化成了一个时髦的概念，价值取向的多元和享受文化人群的庞大是其鲜明特征。娱乐是当前大众文化最具代表性的形式，而电视媒介是大众文化最适合的载体，《超级女声》恰好抓住了大众文化的本质和核心。并且超级女声加深了对受众中心理念的认识，强调从专业传播者和明星娱乐大众转向在传播者与大众情景互动体验中娱乐大众和大众娱乐大众。

"我们只是大胆探索了一些别人想到但没做到，或既没想到也没做到的事。"制造了"超女"神话的湖南广电局副局长欧阳常林谦虚地说。

在此，我们提出"领先一点"这一概念来概括《超级女声》的文化理念。这一概念的核心是始终站在全球性文化的前沿，在贴近受众的方向下创新文化，在受众分享文化的过程中更新文化，传媒的角色自觉地从一个居高临下"我对你说"的宣教者，转变为力求平等的"我和你说"的交流者和信息传递者，使得传播内容、传播方式、传播角度、经营方式等具有一种平民意识。① 提出这一概念实际上是为时下都在强调的传媒领域的创新提出我们的一个方向性的判断，即创新要结合中国的实际、受众的实际，不能太过超前，能且只能是"领先一点"，不能领先太多。因为领先太多，再先进的理念如果没有了生存的土壤这种理念本身也就失去了先进性，体现不出先进性。我们相信高品质的学术理念不能凭空而生，它要在社会实践的实验室中不断地寻找、不断地创造与提炼，然后再推广开来，为更广大范围的人分享和扬弃。

《超级女声》文化理念正是依循了这一规律。"超级女声"举办三年来，始终追求一种"快乐向上"的时代精神，倡导一种勇敢、自信的励志品格，创造的是一种全民参与、互动健康的快乐文化。它所追求的"领先一点"已不仅仅

---

① 周自祥. 媒介平民化理念的思考 [J]. 当代传播，2005（2）.

是将《超级女声》作为一个单纯的娱乐节目来看待，而是在它身上注入了整个湖南电视人对电视媒体改革的理念。《超级女声》已集注了方方面面的力量，它已形成长长的产业链条。一个节目能做成产业，源自媒介对当代文化的巨大影响。自第二次世界大战后电视媒介对人的影响已越来越大，到今天，电视天然偏向娱乐的特性开始与其他媒体更紧密结合，形成媒体娱乐舆论共振，已深刻影响到人们脑中的现实图景。媒介已直接介入甚至改变个人生存的社会生活方式。"很清楚，现实已经不再像过去那样容易被界定了。很可能，未来的几代人将逐渐接受，所谓的现实就是他们想要的那种现实。"① 但媒介影响人并不单向度地进行，人们的文化生活方式也会影响到媒体的发展，媒介与人的互动已成为文化生长点。"媒介形态变化与社会公众的文化心态嬗变，尤其是个人意识的转变之间的关系，已经渗入到社会集体无意识的层面上，社会大众的自我意识已经成为一种具有决定性的社会力量，并且直接制约着媒介形态变化的未来。"②

如何以节目以媒体作为中介触摸到社会大众的自我意识脉搏进而实现媒体的当代文化理念，湖南电视人一直在实践中寻找答案。

从市场出发，而不是从个人喜好、个别主管领导偏好出发生产制作节目，这是湖南广电集团改革创新以来一直秉持的理念。在购买电视剧或者创办新栏目时，湖南广电集团各个电视频道都会定期或不定期请观众评议，根据评议的结果再加上专家的意见，决定是否购买、制作该节目。此外，湖南广电集团还花巨资或专项研究或定期或不定期购买媒介调查公司的全国以及全省播出栏目、电视剧的收视数据，通过科学、充分的分析各类数据，了解每个时间段的观众群结构、收视习惯和收视偏好，洞悉市场需求，生产、购买适合市场的节目。③ 我们更看重湖南广电集团旗下的分频道的"实验室"研发功能，这是真正意义上的多媒体实验室，可以让实验来有效地解决"领先一点"理念实践过程中的具体操作性问题。超级女声就是众多分频道的节目实验后最后筛选出的"良种"

---

① ［美］罗杰·菲德勒. 媒介形态变化：认识新媒介［M］. 华夏出版社，2000：100.

② 郝明工. 无冕国度的对舞［M］. 云南人民出版社，2002：7.

③ 内部研究报告［J］. 2005 电视媒体市场推动力研究，2005.

种在湖南卫视这块比实验室要大得多的试验田中快速生长的结果。

湖南省广电局局长魏文彬认为，创新的核心就是离市场近一点，离观众、听众近一点，离客户近一点，越近越好，有本事走近老百姓心里面去的是顶尖高手，广播电视应扎扎实实把劲用在创新上。实际上，他是在强调在当前环境下改革创新不是要往高处走，反而是要在贴近受众的方向上"领先一点"。他曾用"自作多情"一词来形容电视人领先太多的情形。他曾在 2005 年经济广播研究会年会暨创新论坛上说："我们广播电视过去最大的误区就是自作多情，用我们的文化，用我们的感情，用我们的思想去代替人家（市场），人家不喜欢还说人家没文化。"

二、文化模式的"领先一点"

文化模式同文化理念关系密切，但二者的着重点完全不同。文化理念是纯粹从思想上、观念上对文化的原型、原则、源泉进行反思，确立文化的理想和价值目标。这种理想和价值目标是内在的，是观念的，处在"应然性"的理论阶段，而文化模式则要面对现实，考虑如何把这种理想的目标、观念的原型在实践中表现出来，把这种"应然性"化为"现实"，将"价值"变为"事实"。文化理念是理论的，文化模式是操作性的；前者是抽象的，后者是具体的。①我们这里强调的是超级女声采用的"领先一点"的文化运作模式，这也是常为人所诟病的地方，批评超级女声的具体运作模式涉嫌抄袭、套用国外现成模式。

《超级女声》节目举办人也承认，他们一直在研究国外的电视节目，将合适的加以借鉴与改进。从整个节目形式看，"超女"和《美国偶像》有相似之处，但更有创新之处，如对性别、年龄的限制，对"海选"过程的直播，增加大众评审环节等。正是在借鉴基础上的进一步创新，体现了超级女声在文化模式也是取向"领先一点"的策略，完全原创节目实施常有较大风险，而采用"领先一点"的创新策略反而能取得更好的效果。从《快乐大本营》《玫瑰之约》到《超级女声》《超级戏乐汇》，善于学习和借鉴外来节目的文化运作模式也一向

---

① 邓安庆，邓名瑛. 文化建设论 [M]. 湖南人民出版社，1998：26.

是湖南电视的重要武器，湖南电视人在学习和借鉴中靠着"领先一点"的方式始终走在了同行的前列。

"2006超级女声"开播之际，就有记者问"超女"品牌的所有者"天娱传媒"董事长王鹏：今年很多电视台都推出了类似的选秀节目，如果他们照搬你们的经验，你们会有顾虑吗？王鹏回答：肯定不会，我们会接着再创新。

《超级女声》的"领先一点"的文化运作模式主要表现在贯彻执行"没有门槛、表现自我"的策略，主要能体现在节目流程的精心设计，如现场报名、海选、PK、评委、歌迷团及短信投票等，并注意节目的平民化、大众性、互动性、悬念性、整合性、时尚性、个性化、品牌化的包装与操作。

《超级女声》的"领先一点"的文化运作模式实际上是一种创意经济模式。早在1912年，著名德国经济学家熊彼特就明确指出，现代经济发展的根本动力不是资本和劳动力，而是创新，而创新的关键就是知识和信息的生产、传播、使用。1986年，著名经济学家罗默（P. Romer）就曾撰文指出，新创意会衍生出无穷的新

产品、新市场和财富创造的新机会，所以新创意才是推动一国经济成长的原动力。20世纪90年代，英国最早将"创造性"概念引入文化政策文件，并且在1998年出台的《英国创意产业路径文件》中明确提出"创意产业"这一概念："所谓'创意产业'，是指那些从个人的创造力、技能和天分中获取发展动力的企业，以及那些通过对知识产权的开发，创造潜在财富和就业机会，并促进整体生活环境提升的活动。它通常包括广告、建筑艺术、艺术品和古董市场、时尚设计、电影与录像、交互式互动软件、音乐、表演艺术、出版业、软件及计算机服务、电视和广播等等。"

湖南省广电局局长魏文彬也支持认为，"文化产业是创意产业，创新是文化产业的灵魂。""超女"项目从小到大，开始朝着产业化的方向发展，其运作启用了品牌合作与管理模式。上海天娱公司的成立标志着其电视节目的市场化运作向深度扩展，它经营的不再是简单的一个广告时段，而是"超女"品牌。随着节目的热播，其产业链逐步延伸至短信、广告、冠名、代言、演出、销售、活动、影视、唱片、图书等诸多领域。涉及到的这些领域并不是同时完成，而

是遵循"领先一点"的运作模式在时机逐渐成熟的情况下渗入的。中国社科院2006年1月12日公布的"文化蓝皮书"称，"2005超女"各利益方直接总收益约7.66亿元，而对社会经济总贡献达到了几十个亿。

"超女"实现了传媒从吸引受众注意力资源到开发消费者购买力资源的转变。这应该得益于超级女声越来越成熟的"领先一点"的文化运作模式。"超女"项目吸收了《美国偶像》的核心概念，再结合自身的优势资源，联系国情和当前受众社会心理，对竞赛规则、环节设置、现场气氛上加以改造，使这场全民娱乐秀更能激发中国老百姓的参与热情，如将参与的门槛降到最低，设立大众评审团以及大众评审团不同的选拔的方式等。事实上，这些手段与湖南卫视多年来制作娱乐节目的思路是一脉相承的，无论是《快乐大本营》还是《玫瑰之约》，都是在借鉴其他娱乐节目的核心元素后加以改造、为我所用的结果。①

当然在当前社会转型时期，文化产业化之路并不平坦，作为一个娱乐节目的《超级女声》在运作过程中免不了出现不少反对的声音，但可喜的是它一直坚持到现在而且发展势头越来越好。这固然与湖南电视人对社会环境、国家的宏观政策的正确理解和把握及主动适应分不开，但更与湖南广电集团的整个文化运作模式的"领先一点"也分不开。湖南广电集团频道经营的总体发展战略中的"卫视优先"原则在这次活动中得到充分体现。如同其它所在湖南广电集团的"多媒体实验室"中进行实验的节目一样，超级女声作为一档借鉴国外节目形态后本土化的娱乐节目，先是在湖南娱乐频道开花，在看到节目巨大的发展空间后，集团决定将活动移师湖南卫视加以放大，这就是2004年"超女"的预演。在经过详细论证和充分准备后，2005年的《超级女声》举全集团之力，在那个夏天引爆了席卷全国的娱乐风潮。从这个意义上说，《超级女声》不仅仅是一个单一的活动的成功，更得益于政治文化的滋养，得益于体制的开放和灵活。

---

① 内部研究报告：《2005电视媒体市场推动力研究》。

三、探寻《超级女声》的文化位置引发的思考

在研究《超级女声》文化现象的过程中，我们尝试着提出了"领先一点"这个概念，但这是否是一个具有普遍推广价值的传播概念，这是我们一直在思考的问题。兴许若干年后，《超级女声》本身的火热影像和激情只在人们心中留下淡淡的印记，但人们一直在真切地享受着《超级女声》文化模式中倡导的"领先一点"的理念实践开来的日新月异的文化生活。我们认为这一概念的精髓在于创新是基础，其方向在于动态地贴近而不是遥遥领先。但这里也有一个探讨的主题与语境问题，如果是可以远离现实应用的专门研究创新创意或是学术创新研究，则是领先越多越好。"领先一点"的"点"实际上是一个度的把握。老百姓的生活环境、人生阅历与修养、对事物的观察与欣赏能力每时每刻都在改变。以为保守，以为简单就能做到贴近受众的观点是站不住脚的。只有真正深入火热的生活，才能听懂老百姓对生活滋味的言说。要真正做到贴近百姓、做到平民化是很不容易的事情。只有"领先一点"的理念才有现实生存的空间，才有发展的空间，才有各方形成互动、真正参与进来的空间。

由此回过头去看看传播理论的发展历程，从最早以传播者为中心的魔弹论到"受众就是一切"的受众中心论，我们发现，实际上，传播者一直占据主导地位，这些观念的变化只不过是因在传播技术的不断进步和普及，传播管道立体化占位和受众传媒素养不断提高的情势下，传媒或为了尽自以为是的精英责任或为了赢利的不得已而为之。传媒所大力宣称的"受众中心论"，在实践过程中困境重重，实际上是传播者自己站在受众的立场上思考问题，只是一种虚拟的换位思考，实际上并没有真正代替受传者，因为人和人的境遇不一样，传播者可以设身处地，但他不可能会有切肤之痛或发自内心的狂喜与微笑。

《超级女声》文化现象将我们的注意力牵引到精神生活的秘密原来在于言说与称赞的能力上。

人不可能丧失其对不可言说的事物的意识，只是因为在生存压力越来越大、急速的生活、工作节奏充斥着耳膜的社会空间里，人们很少留意。世界已不足为奇，司空见惯是不会产生狂喜和欣赏的。同样，人们已无心去提高称赞的能力，现代人被迫去寻找惊喜，娱乐正在变成不得已。

　　难道我们就这样慢慢失去欣赏的能力，失去歌唱的能力？答案是我们的力量能否恢复，取决于我们有没有能力重新开发被遗忘的资源。①

　　人的实存的意义在狂喜的时刻能够体验到。《超级女声》正成功地让人们找到这种重新开发几乎被遗忘的文化资源的方式，在此基础上开发出的学术概念"文化位置"的价值能如何再深化，取决于我们欣赏与歌唱的意愿与能力。

---

　　① ［美］赫舍尔. 人是谁［M］. 贵州人民出版社，1994：107.

第三章

超越内卷化：中国广告产业

广告产业具有特殊性，不仅在于其自身直接贡献国民经济构成的"大蛋糕"，而且渗透、关联、推动、牵引着整个国家的经济、社会、精神文化等诸多领域。

内卷化概念之线可串构起中华五千年广告碎片化发展历程，主动超越内卷化可以成为中国广告产业高水平贡献国家经济社会发展的一种重要方式。

作为文化产业中最核心产业的广告产业具有特殊性，不仅其自身直接贡献国民经济构成的"大蛋糕"，而且关联、渗透、推动、牵引着整个国家的经济、社会、精神文化等诸多领域。在今天广告产业升级成国家战略的大势之下，将较有启发性与穿透性的理论概念导入进来以长时段视角审视广告产业与国家经济社会发展，有助于发现与建构此二者的细致内在关联与互动机制，探索与发展新的观察角度与学术观点。

一、理解内卷化概念

内卷化概念现已成为被导入诸多领域的开放式的学术概念，用以深度剖析与理解多领域与层面的现象和问题，被视作一个重要的理论工具。

"内卷化"（involution）一词又被译为"过密化"，源于拉丁语 involutum，原意是"转或卷起来"。康德、美国人类学家戈登威泽（Alexander Goldenweiser）最先使用这一概念，人类学家格尔茨（Clifford Geertz）将之加以系统化，后黄宗智将之导入到中国古代农业研究，引起众研究者关注。康德认为"内卷化"与"演化"有着从内涵到外延的不同，其主要含义是内卷、内缠、纠缠不清的事物及退化复旧等意义。戈登威泽认为"内卷化"是指一种文化模式达到某种最终形态以后，既没有办法稳定下来，也没有办法使自己转变到新的形态，取而代之的是不断地在内部变得更加复杂，即系统在外部扩张条件受到严格约束的条件下，内部不断精细化和复杂化的过程。①

对内卷化公认的理解当数格尔茨的实证研究，他在实地考察中发现，在印度尼西亚的爪哇岛和外岛是二元发展，外岛的某些区域借助于技术，生产的资本密集型发展方式越来越强；而爪哇岛的某些区域则劳动密集型发展方式越走越远。爪哇岛聚集了印度尼西亚三分之一的人口，主要从事粮食生产和小型手工业；而外岛散布在爪哇以外的广阔区域内，殖民者的进入使那里产生了高效率、大规模、主要用于出口的工业。爪哇人由于缺乏资本，土地数量有限，加之行政性障碍，无法将农业向外延扩展，致使劳动力不断填充到有限的水稻生产中。在概括这一过程的时候，格尔茨使用了"农业内卷化"概念。②

黄宗智侧重研究了中国小农经济的内卷化问题，指出"不要把商品经济的发展简单地等同于向资本主义过渡"，他又把"内卷化"发展为"过密型商品化"，或者说"无发展的增长"，描述了同西方国家完全不同的商品化概念。他认为中国的小农家庭迫于人口压力增加了劳动力投入，从而获得了较高收入，但由于农业劳动的边际报酬递减规律，劳动生产率并未得到提高，小农生产者只是长期处于糊口水平，中国人口的大部分仍被束缚于粮食生产。这种商品化不仅难以使小农经济解体，反而会延续小农经济。③

窥一斑而知全豹，内卷化概念发展史已得到诸多研究文献较清晰的梳理，现已进入内卷化理论应用领域迅速拓展期。该概念在发展过程中显现出强大的张力，已被应用于历史、社会制度、腐败、市场经济、社会福利等不同研究领域，发展出许多较有新意与影响力的学术观点。因此，内卷化理论是一个开放

---

① 计亚萍．"内卷化"理论研究综述［J］．长春工业大学学报（社会科学版），2010，3：48.
② 刘世定，邱泽奇．"内卷化"概念辨析［J］．社会学研究．2004，5：96.
③ 计亚萍．"内卷化"理论研究综述［J］．长春工业大学学报（社会科学版），2010，3：48.

的理论系统，随着越来越多的领域导入这一理论视野，其理论与实践影响力会得到进一步的丰富与发展。经检视已有文献，暂未发现将这一概念导入到广告研究领域的有较大影响的研究。

纵观内卷化概念理解研究的字里行间的弹性力量，著者以为，内卷化概念直接切入到人类社会发展的单向度精细深度发展可能并不必然持续超越的深度问题，直接深入到"内向卷入与外向展开"的文化与文明内核问题。这也是著者对这一概念很感兴趣的原因所在。这一概念切入到一种要考虑实际环境的逻辑推理方式，要根据环境的发展出的新特点不失时机地寻求顶层超越的方式。正是从这个层面可以切入到探寻当下中国广告产业与国家经济社会发展关联的新视角。

二、广告产业：一个中国特色的概念

一开始，普及广告知识的教材常用"广告是胶水"、"广告是桥梁"、"广告是纽带"、"广告是助推器"等比喻句来理解广告，这并不只是为了形象说明，确实有广告基础理论研究缺乏深度的灵活处理的苦衷，要不然就只有一味地说贴近业界的操作技巧。近年来，我国对于广告的认知视野已越来越广阔与深入。除了主动导入他国的广告研究新成果，已开始自觉地建构具有本土特色的广告理论，广告产业概念的中国式内涵建构与高水平实践称得上较具代表性的成果。

媒介技术的发展深刻影响着社会的发展，当然更是大变动着媒介自身具体业态。每新发明一种媒介技术就引发一阵传媒业急剧变迁，但原有的媒介形态依然或多或少有着生存空间，累积到今天这种情况越来越复杂。自 20 世纪 80 年代以来，随着媒介技术的日新月异，营销与传播环境的复杂化，单一的营销手段已难实现有效的营销，于是"整合营销"的新概念得以提出并应用，主张将内部与外部的营销要素进行系统整合，来适应现代营销的急剧变化。因而单纯依赖广告手段来实现有效的市场营销的时代已宣告结束，适应性更强的"整合营销传播"概念进入业界与学界视野，主张实现营销传播要素的系统整合。在互联网成为改变世界最大变量的今天，除了看得见的各具影响力的新媒体形式，大数据思维等新兴的思维方式也已深刻影响到广告的变化。但广告虽然面

临挑战越来越多，但机会也越来越多，中国广告市场已成全球最大的广告市场之一。

　　也许是受到上述的整合思维的影响，今天中国广告由业界主导发展所形成的侧重经济发展的产业影响力升华到由学术界的学术思维主导来全面提升广告对于国家经济社会发展的贡献。广告产业的中国式研究就是一个有说服力的证明。

　　国外对于广告产业的研究一般非广告学术圈研究对象，而成为诸如经济学家等关注的题目。而我国的情形是广告产业成为广告学术界的最热门主题。现在对于广告产业的理解一般使用的是描述的手段，如所谓广告产业，是指代理广告业务或提供相关营销传播服务的广告公司与承揽并发布广告的广告媒介在同一市场上的相互关系的集合。广告产业的主体是广告公司和广告媒介，其中又是以广告公司为主导。① 或许我们可更简洁地说，广告产业是对所有广告资源的系统化运作，从而引导我们超越广告产业本身去思考广告产业高级运作的可能性。国家当前正面临着整体经济社会发展转型升级的大课题。广告产业相对别的产业所具有的关联、推动、引领、渗透等优势彰显出来，而正好为中国广告学术界关于广告产业研究思维所承接。这已经直接影响到业界的发展。如国家广告产业园的迅速决策与实践即是明证。当前国家广告产业试点园区建设已进入关键时期，主管部门要求各地在园区建设中要坚持"三个原则"，即在指导思想上坚持以科学发展观为统领的原则，在建设模式上坚持政府主导与市场运作相结合的原则，在建设内容上坚持准确把握功能定位、突出园区特色的原则；与此同时，园区建设要立足"三个服务"，做好"三个整合"，即服务广告产业发展、服务经济发展、服务文化发展，整合一切有利于园区发展的资源、整合一切有利于园区发展的政策、整合一切与广告相关的企业。最终通过广告产业园区建设实现"三个融合"：广告业自身的融合，广告业与相关产业的融合，广告业与社会文化的融合。这些实践指导意见背后体现出清晰的学理支撑。

　　往大了说，广告产业已成为中国广告研究领域最具影响力的板块，形成区

---

　　① 廖秉宜. 自主与创新：中国广告产业发展研究［M］. 北京：人民出版社，2009：1.

别于世界广告研究的中国特色。正是"广告产业"概念让中国广告研究在置身于深刻变化的全新的全球传播格局、全球化大格局的环境下,几十年来一直被窄小化、凝固化的广告认知经历着一种焕然一新的挑战。但中国广告产业问题也不少,如中国本土广告业的低集中度与泛专业化问题正成为中国广告产业的两大核心问题。

三、内卷化之线:回眸中国广告五千年历程

历史可以说是信息传播流过的长河。中华五千年文明史也可视作一部广告发展史,五千年一脉,从未间断。我们完全可以将马克思在《资本论》中浅白的"一只羊换两把斧头"的说理逻辑换角度设想成这样一幅画面:在原始社会生活的某个时候,原始人甲赶着一群羊走在前往某个目的地的路上,而另一个人乙正手提着几把石斧刚巧迎面走来。偶遇的他俩有了攀谈。在攀谈中,乙坦明是因母亲想吃到羊肉而被派来寻找猎物,而甲正需要几把石斧用来收割茅屋附近的庄稼。于是他们很快达成协议,乙用两把石斧交换甲的一只羊,各自满意而归。从这里我们完全可以旁证到原始社会的广告活动。甲、乙交易之前必定要对对方的交换物有所了解,至少是观察过,而这种观察了解即可视作最原始的广告形式:实物广告方式。不难理解,上述画面在原始社会应相当普遍。由此我们推理,中华大地作为人类重要发源地之一,并且通过考古发现我国的原始社会开始时间并不比国外晚,甚至还更早。追溯中国广告发展历程,会发现中国广告活动源远流长,毫不逊色其他几大文明。从现有的广告遗存来看,我国的商业广告在夏商时期就已产生,而政治广告、公益广告等非商业性广告则产生更早。我们可从诸多四字语中找到有力的旁证:图腾崇拜、结绳记事、烽火传信、三代诰誓、伯乐相马、王亥服牛、王婆卖瓜、自相矛盾、买椟还珠、陈肆辨物等等。

为了更清晰检讨中国广告发展历程,不妨将历朝历代较有影响且有较多文献或实物佐证广告资源以现代广告类型的方式予以梳理。原始社会:鼓号传讯、结绳记事、图画文字、象形文字、图腾崇拜;夏、商、周、春秋、战国时期的政治文化广告类型有:铸鼎象物、进善之旌、诽谤之木、敢谏之鼓、玄诸象魏、

诏示天下、徙木赏金等；秦汉时期：悬牌广告、旗亭广告、市鼓广告、标记铭刻广告、吹箫卖饧、悬壶售药、妇人当垆、寻人招贴、诏告天下、碑碣广告等；三国两晋南北朝时期：悬帜广告、"露布"广告、"白堕春醪"等；隋唐时期：声响广告、标记广告、叫卖广告、吟唱广告、商品陈列、展示、旗帜广告；宋朝时期：店招广告、彩楼欢门、叫卖广告、吟唱广告、店堂装饰、标记广告、酒旗幌、实物幌、印刷广告、诗歌广告、字画广告、陈列展示广告；元朝时期：印刷广告、吟唱广告、声响广告、招幌广告、商品装饰广告等；明朝时期：口头叫卖、吟唱广告、诗歌广告、声响广告、印刷广告、招牌广告、幌子广告；清朝时期：诗词广告、店堂装饰广告、冲天招牌、招幌广告、叫卖和吟唱、声响广告等。①之所以将各朝代具体广告类型一并列出，是因为在比较之中我们可以更全局地把握总体的广告状况。国内关于中国古代广告研究大致也就是根据史料及其他实证证据将各类型广告予以更多命名或详细图文资料呈现，鲜见有穿透性的学术概念来串构各知识点。实际上，要将这些时间跨度大、碎片化的知识点整合成为由简洁的学术概念统摄的清晰的知识画面，较有难度，需借助已有共识的学术概念。著者以为，以内卷化概念之线可将这些知识碎片整合起来，结合当时代的大背景形成较通透澄明的学术解读。虽然整体上来看，广告类型越来越丰富，数量越来越丰富，技术水平也越来越发达，有无数国宝级的珍品与古董传世，但不同类型广告之间进行组合取得较好效果案例很少，每一后继朝代虽然都较好继承前朝的广告载体与技术，但每一朝代都只是在前一朝代已有的广告类型上做出缓慢的自然增长，其间虽有突破性的广告思想萌芽，但没有被提升与放大，如印刷广告、标记广告。因而，我们可以用"没有发展的增长"来进行总体判断，这就刚好对接内卷化概念的内涵，因而我们可以判断：中国古代广告漫长的发展过程已形成了鲜明的内卷化现象。

四、超越内卷化：中国广告产业高水平贡献国家经济社会发展

中国广告产业的特殊性表现在不是一味地追求产业本身支撑起的经济总量

---

① 杨海军. 中外广告通史［M］. 北京：高等教育出版社，2012：18－88.

数字，而在于寻求以广告产业的关联力与渗透力来提升相关产业的结构与发展质量，其目的亦不只在于扩大规模，刺激经济增长，而在于其发展深度所带来的经济效率的提高和产业分工新布局。也只有提高各产业的分工效率和规模效率，中国经济结构才可能整体升级。正是在这个层面上，中国广告产业不仅通过产业方式超越自身领域的内卷化现象，而且以其鲜明的先导示范效应有力介入到超越整个国家经济社会发展过程中形成的诸多更大层面的内卷化现象，从而高水平地影响与贡献国家经济社会发展。

我们常说广告为经济社会服务，亦必然受到经济社会的强力制约。从我国历朝历代的广告遗存来看，也检验了这一观点，更为近现代中国广告的阶段性繁荣所证实。如我国唐、宋、明这几个朝代，商品经济较发达，对外开放程度水平较高，相应广告遗存也较多。自1840年鸦片战争之后，西方资本主义打开了中国的门户，东西方经济和文化的交融致使广告无论在形式上、内容上，还是传播范围上，都有了突飞猛进的发展变化，甚至造就了中国广告史上前所未有的黄金时代。反过来，我们也可建构起这样的观点：我国从唐宋以来，广告发展较快，经济和技术，文化包括文学、音乐、绘画、戏剧等的发展也非常快，带来了文明的高峰。这些新的文明，又表现为广告发展的新风貌新内涵，如此往复，推动了人类社会的进步，这就是文化软实力的强大功能。而人类一些落后的部落，由于没有进入现代文化机制，也没有跟上人类文明的脚步。

特别值得探讨的是，我国宋代的种种资源的联动发展已具有现代高级市场运作机制的萌芽，甚至将哲学美学等深层观念与产品结合起来，这从"济南刘家功夫针铺"可见一斑。这块原不起眼的铜版，是目前已知的中国乃至世界最早出现的商标广告实物。这块北宋"济南刘家功夫针铺"铜版，普通人可能不熟悉，但它在历史学界、经济学界尤其是广告学界，却是大名鼎鼎。其原件现藏于中国国家博物馆。

铜版巴掌大小，长13.2厘米，宽12.4厘米。铜版的最上方横刻的是"济南刘家功夫针铺"8个字。铜版中间刻有玉兔抱杵捣药的商标图。图的两旁竖刻有"认门前白兔儿为记"字样，每旁4字。铜牌下方从右至左分7行竖刻广告词如下："收买上等钢条，造功夫细针，不误宅院使用，转卖兴贩，别有加饶，请记白”。

当时代的新兴技术印刷术不只用来印刷书籍还用印刷精致设计的广告的时候，可以激发我们更多的历史想象，尤其当一颗细小的绣花针生产销售开始通过广告这种形式进行高层次竞争的时候。从广告学角度对“济南刘家功夫针铺”进行解读，无疑可以读出意蕴极大的商业信息，触摸到当时古人的广告创意。整个铜版上部，“济南刘家功夫针铺”是店铺字号相对要大易引人注意，并附有明确的商家产地；白兔捣药图便是店铺标记，类似于现在广告的视觉识别系统，而白兔就相当于现在的产品商标；“认门前白兔儿为记”，是告诉买家一定要认准本店的白兔捣药商标进行选购；铜版最下面的广告方案：“收买上等钢条，造功夫细针，不误宅院使用，转卖兴贩，别有加饶，请记白”，是说“我们家用最好的原材料，花费功夫造针，使用方便。如果有人批发购买，还可以优惠”。整个商标广告图文并茂，文字简练，已非常接近现代广告运作思维。

最值得着墨的是白兔捣药商标，它将人人熟知的让人充满美好想象的神话故事导入到产品中，形成自身附加值，充满想象力。并且表现得生动形象、颇具幽默感，这是现代广告运作的高级手段，甚至让我们现在的某些大制作广告相形见绌。它并未局限在静态的白兔形象上，而是将白兔拟人化、动态化、寓意化、颇有深意。这只在月宫陪伴嫦娥的玉兔捣药使用的玉杵会让人联想当年李白受“只要功夫深，铁杵磨成针”启发而发奋苦读成为诗仙的故事，引发进一步的深刻寓意，情趣盎然，博得买家的喜爱。从更深的社会背景看，考虑到当时产品消费者特点：即消费者识字较少，而使用者又多为女性，图画更直观让人看懂。①

之所以特别突出这一广告遗存，是因为其放大来看，这个中国方块中藏有破解内卷化现象的“金钥匙”。我们甚至可以展开想象：世界广告与创意精华都在这中国方块里，在方块的捣药图里，在针尖“和”麦芒对话里。中华五千年，我们最近五百年日子过得酸甜苦辣咸地百感交集，总是走了一段后没有新起点的从头再来，一个重要方面就是这个中国方块问题没研究透：我们不缺小创意，

---

①　任宇波. 最早的商标：济南“刘家功夫针铺”［N］. 大众日报，2012 - 10 - 09.

但缺少对小创意的系统化运作，创意、设计、创新、策划、规划、蓝图、梦想、神话、未来等概念欠缺高层面整体运作。这就意味着这种思维可以直接提升国家顶层设计的层面来考虑。由此，合逻辑的结论是今天已进入到自觉地以学术研究方法以主动超越内卷化的中国广告产业高水平贡献国家经济社会发展的时代拐点。

第四章

W 理论：文化创意原理重构与创新

文化创意已在全球化话语、国家话语、市场话语、学科话语等多层面生长出强大的影响力。本章借力哲学概念"主体性"来整合与建构文化创意原理，将文化创意简洁地定义为"文化创意是人的主体性的惊艳展现"，并借助数字文化与质数概念精巧地将理论相关核心概念与各分支观点融为一体，将整个理论体系统称为"W 理论"。"3 + 2"是"W 理论"核心结构，3 指代平民化、概念化、结构化三理念，2 指代两个操作层面的模式，即钻石模式与心数模式或称国旗模式。

文化创意近年来已深度介入至广阔领域的理论与实践，不难观察到的现实是，它已逐渐在全球化话语、国家话语、市场话语、学科话语等多层面生长出强大的影响力。已有的研究成果已在宏观上将文化创意置于战略、文化、审美、产业等宽广领域进行考察，在微观上涉及探究具体到个案的创意思路与方法①，并将其定义为创意产业、文化产业的核心概念。因而整合与建构文化创意原理契合理论与现实的需要，波及到广泛的领域。詹姆斯·韦伯·扬（James Webb Young）认为："对于产生创意的艺术来讲，要了解的、最有价值的东西，并不是在哪儿可以找到一个具体的创意，而是如何用所有的创意赖以产生的方法去训练思维，以及如何掌握作为创意之源的所有原理。"②

关于文化创意的核心概念创意有一个较早的看法是，创意是人们行为中产

---

① 贺寿昌. 创意学概论 [M]. 上海人民出版社，2006：9.
② [美]詹姆斯·韦伯·扬. 创意 [M]. 李旭大译. 中国海关出版社，2004：24.

生的思想、点子、立意、想象等新的思维成果，它是一种创造新事物或新形象的思维方式，创意就其本质来说是一种辩证思维。①

有研究在考察关于文化、创意、文化创意产业概念的多种定义基础上认为文化创意是以知识为元素，融合多元文化、整合相关学科、利用不同载体而构建的再造与创新的文化现象。② 审视文化创意的内涵与外延，追寻文化创意的源头，我们发现这一定义中省略的主语"人"反而值得特别突出出来，因为无论是什么样的文化创意，其源头一定是人的思维，每一个文化创意都烙有个体鲜明的思维印记。这也可以作为观察理解文化创意的坚实的逻辑起点。立足这一起点，导入哲学概念"主体性"，我们可以给出一个简洁定义：文化创意是人的主体性的惊艳展现。

人以自己意识的活动创造了一个感觉的、情绪的、形象的、观念的、符号的世界，这种感觉、情绪、形象、观念、符号作为活动的客体，可以称之为第三客体。这是一个与人类的意识、思维活动相关联的信息世界，是英国哲学家卡尔·波普尔所说的"世界3"，而世界3基本上是人类精神的产物。这种精神的、观念的产物对象化为人的活动的客体，是具有某种载体或媒体的存在。这些载体或媒体都是物质性的存在，我们必须通过这种物质性的存在，才能把握其中凝结或承载的精神的、观念的内容。③ 这正是文化创意得以展现力量的大舞台。

可以说，所有的文化创意都是人的主体性活动的过程与结果，具有我为性与为我性，并且在利益之外，其过程多为个体的内向传播与人际传播，是人的思维能力的高级而充分的体现，其满意结果还能给人带来精神层面的愉悦与满足，因而称以"惊艳的展现"。在哲学上，主体可自称为"我"，所以"我"在文化创意中的作用居功至伟。为了清晰形象地剖析文化创意原理，我们不妨也运用下小小的创意思维，将"我"的汉语拼音"WO"的发音与大家日常生活熟悉的数字文化联结起来，将"我"谐音5，以方便将数字进行分解再映射文

① 陈初友，王国英. TOP 创意学经典教程［M］. 北京出版社，1998：3.
② 白庆祥，李宇红. 文化创意学［M］. 中国经济出版社，2010：8.
③ 郭湛. 主体性哲学：人的存在及其意义［M］. 中国人民大学出版社，2010：13.

化创意原理来形象而又更深入地理解文化创意。为更简化起见，不妨取"WO"的首字母 W，将其"我"的谐音 5 分解后映射的文化创意原理定义为"W 理论"。

将一个整体拆解剖析有助我们更深入认识理解事物，一个我们容易理解与接受的逻辑是将自然数 5 拆解成三个加法构成的至简的等式：5 = 5 + 0，5 = 3 + 2，5 = 1 + 4。

接下来赋予数字不同意义成为关键。因为日常生活中除了 5 谐音为"我"，0 也常谐音为"你"，第一个等式不妨依然用谐音方法理解成我 = 我和你；第二等式中的"3 + 2"是本文的主体，这里的"3"映射为 3 个理念，即平民化、概念化、结构化，将 2 映射为两个操作模式，即钻石模式与心数模式。第三个等式中的"1 + 4"则是心数模式的核心结构，即一颗心四个数。下面分述之。

第一个等式中强调我和你，这是宏观与微观层面均需关注到的大思想问题，人并不是全能的上帝，人不能创造世界，只能将世界的事物变动位置与结构来改造世界，使世界产生属人关系的变化，使世界成为人自主活动的条件，但这靠一个人做不到，靠活着的一代人两代人也做不到，要靠作为群体的人，要靠人的智慧的历史累积、遗传与发展。所以，坚持单一个体的中心性，以弘扬主体性的价值，实际上是在处理与建构"我和你"的合作共享平等友彼此尊重等多重相互联系中，来进行文化创意。"在任何民族的语言中，一个可以被所有的个人使用，用以指称说话者的'我'的概念的确立，标志着每个人的自我在抽象意义上的平等。"①

第二个等式中的平民化、概念化、结构化三理念紧密关联，存有递进逻辑关系，是文化创意的大思路。关于平民化理念，笔者在 2005 年论文《媒介平民化理念的思考》一文中已提出要在最广泛最深入最抽象的层面来拓展平民化的内涵。平民化意味着将每个人身上的"老百姓角色"部分取出来，平等视之。平民化理念核心是以人为本，平民化在本质上是社会平等化。从传媒实践来看，传媒的角色从一个居高临下"我对你说"的宣教者，转变为力求平等的"我和

---

① 郭湛. 主体性哲学：人的存在及其意义 [M]. 中国人民大学出版社，2010：202.

你说"的交流者和信息传递者，导致了传媒的传播内容、传播方式、传播角度、经营方式等具有了一种平民意识。这种平民意识以一种平民化的价值取向与平视生活的角度观察和思考，记录和传递。① 这里的"我和你说"又刚好呼应与诠释第一个等式中的"我和你"，联想到 2008 北京奥运会主题歌名字由先前的"我们都是一家人"的后改为"我和你"。这种巧合挺耐人寻味。因此，这里的平民化理念起到一种价值观导引的作用，只有在这种大方向上，文化创意之路才会无尽广阔。

概念化理念将文化创意从平民化理念下移到创意方法上。"概念"不是古汉语词汇，而是一个用来翻译西方语言中的"concept""Begriff"的现代汉语词汇。它在各种自然语言中，依不同的上下文，可能有多种含义，但也确实表达了某种特别的思想倾向。比如，当将它与"图像""感觉"等相比时，就可以明确感知到这种独特的倾向，即一种趋向于抽象、确定的状态的思想倾向。②

美国流行的《韦伯斯特词典》（1988 年，第 9 版）将"concept"的含义归为两类：（1）心里边包含的东西，比如思想、看法（something conceived in the mind：THOUGHT, NOTION）；（2）将特殊实例普遍化而得到的一个抽象的或全称的观念，与"观念"（idea）为同义词。《现代汉语词典》对"概念"的解释为："思维的基本形式之一，反映客观事物的一般的、本质性的特征。人类在认识过程中，把所感觉到的事物的共同特点抽出来，加以概括，就成为概念。比如从白雪、白马、白纸等事物里抽出它们的共同特点，就得出'白'的概念。可以说，在文化创意领域，洞察纷繁复杂的表象联结各种可资利用的资源，用以提炼出新鲜的概念是人的主体性惊艳展现的要害，尤其是"在灵感和想象力的引导下创造'出乎意料之外，在乎情理之中'的概念"③，这是在给定空间与条件范围内盘活既有文化资源的新产出与再造。概念在文化创意过程中的重要性无与伦比，核心概念是创意延发的依据和衡量尺度。很有可能一个产品或品

---

① 周自祥. 媒介平民化理念的思考 [J]. 当代传播，2005（2）.
② 张祥龙. 概念化思维与象思维 [J]. 杭州师范大学学报（社会科学版），2008（5）.
③ 郭中实. 概念及概念阐释在未来中国传播学研究中的意义 [J]. 新闻大学，2008（1）.

牌甚至一个城市全部的工作都是围绕一个由文化创意生长出的核心概念运转。享誉世界的英国历史学家阿诺德·约瑟夫·汤因比（Arnold Joseph Toynbee）曾指出，一个民族或社会能否打开僵局开发前程，仰赖是否朝着创造的方向迈进，没有创造力的民族或社会将无法面对"未来的冲击"，亦不足以适应现代世界的动荡。人类发展史也一再证实，人类的进化、文明的提高、国家的强弱、民族的盛衰，都与创造力的发展息息相关。而在文化创意领域，创意人概念化的水平直接体现着创造力的强弱，放大来看，创意人概念化的能力在驱动着社会的整体发展。

关于结构化理念，这是在平民化理念与概念化理念之下再次下行，直接贴近操作层面，涉及概念转化成意象，意象如何符号化可视化并有机结合各种媒介与平台进行可能的有效传播等，这是具体实施方案的拟定过程。总体说来，文化创意的结构化理念着眼点在于两方面：1. 元素的次序性组织，2. 符号的次序性组织。

第二个等式中的两个具体操作模式之钻石模式，来源于笔者对湖湘文化特质的提炼过程中的发现与刻意建筑式转化到创意领域。在借鉴了相关研究文献并结合个人观察与感悟基础上，笔者以为至少可以将湖湘文化特质提炼总结为四个层面，即经世致用，实事求是；浪漫灵泛，适性自然；开放包容，兼收并蓄；独特的忧乐求索观。这在著者于中国广告教育研究会十周年年会上发表的论文《湖湘文化特质与中国广告理论创新》一文中有较深入的论述。为进一步简化，可将每个层面的特质简化为不可再简的一个字，探究一下，不妨将经世致用，实事求是极简化为"实"；浪漫灵泛，适性自然简化为"适"；开放包容，兼收并蓄简化为"容"；独特的忧乐求索观简化为"观"。让人惊喜的是，这四个字连成起来组成的"实适容观"，已经可以被视为一个有内在逻辑意义的新成语，并且每个字的已有的丰富内涵都可以在其中找到相互支持与印证的关联从而获得新的解释力量。如可理解成"事实要适合容纳观念"、"要将观念合适地容纳到实体之中"等，再反观文化创意所做的一切不就是要将观念与既有事实有机关联起来吗？这样借助语言文字的力量，在现实与文化底蕴之间搭建了一个沟通之桥。我们要做的就是将历史文化资源转化再转化，直到符合我们的现实需要。那为何称为钻石模式呢？我们考虑到既然这四个字每个字内涵都很丰富，因此不妨将之放大成四个"世界"：事实世界；适然世界；有容世界；观念世界。而这"四个世界"又相互关联成一个整体，最适合用几何四面体来直观表达四者之间关系，而最简单的四面体是三角锥形，其外观容易让人联想到心形的钻石造型，最"软"观念与最硬的石头给合在一起，给人以启发，最"软"的观念有可能变成最"硬"的实力。于是不妨命名为"钻石模式"，而且品牌钻石广告语"钻石恒久远，一颗永流传"作为20世纪最为经典的广告语，产生了巨大威力，刚好可以作为诠释这一模式的经典案例。

关于第二个等式中的两个具体操作模式之心数模式，指的是一颗"心"四个数，刚好对应第三个等式中的"1+4"结构。众所周知，在创意领域，真正将创意方案实施变成美好现实的方案比永远停留在纸面上的创意方案要少得多。因此，一个创意方案的命运就是两个，要么活，要么死，有趣的是，在我们的数字文化中，14的谐音可以是"要死"，也可以"要发"（音乐简普4念FA），意即要么死掉要么活得很好。更进一步，为形象记忆与理解文化创意操作技巧，不妨将1和4进行操作方法层的映射。为表述方便，先定义一个概念，不妨称之为创意质数。在此特别规定创意质数只能是2、3、5、7这四个质数。质数又称素数，指在一个大于1的自然数中，除了1和此整数自身外，没法被其他自然数整除的数。而合数是由若干个质数相乘而得到的。因而质数是合数的基础，没有质数就没有合数，质数在数论中有着重要地位。因此，超出这四个数的数都能以此为基础转化得到，而且从人的一般接受心理来看，超越10种元素构成的关系已不再简单，不再易于处理，更不消说谈得上兴趣。定义创意质数的一个值得用创意思维玩味的可以从"质"的方向上引发联想，创意须特别注重"素质"、"质地"、"品质"、"质量"等。于是，我们将1和4更进一步联系文化创意技巧。将1特指一颗心，4指4个数，特指2、3、5、7四个数。将心与数赋予特定意义如下。一颗心特指"异行一意"，"异行"也可谐音成异形、异型，作品指不同形态、不同造型。放大来看，强调别出心裁，不同的行动方案，如行动计划、公关、展销、路演活动等；一意，指有且只有一个最高观念即核心意念。异行一意是一个运动与过程中的核心，是最高观念。其源泉与力量都来自文化。那为何称"异行一意"为"一颗心"呢，因"异行一意"可谐音成"一心一意"，意思亦即全心全意，而我们党的宗旨即全心全意为人民服务，如此理解易于链接我们已有知识结构。用心的本质在于对人的关怀与尊敬。解决了"一颗心"的问题，再来看四个数 2、3、5、7，为了形象化对接创意原理，不妨将其转化成以数字打头的大家熟悉的词语：三言二拍，五功密集（谐音武功秘笈），七步成诗。

二拍可以视作由偶然与必然两方面。在偶然方面，2 即是质数也为偶数，可联想到偶然的力量：创意火花往往源自偶然。偶然力量的在创意领域最高境界是打造传奇。在必然方面，要注重逻辑的力量。质数 2，作为最小的质数，可视作基础，提醒要注重因果、真假等逻辑关系。逻辑本身所挑战与颠覆的对象，是经验无法打破的，也是其特殊意义的所在。

三言可视作常用的传统意义上三步走：①现状分析②问题分析③解决方案，也可视作创意三重境界：王国维在《人间词话》中说："古今之成大事业、大学问者，罔不经过三种之境界：'昨夜西风凋碧树。独上高楼，望尽天涯路。'此第一境界也。'衣带渐宽终不悔，为伊消得人憔悴。'此第二境界也。'众里寻他千百度，回头蓦见，那人正在灯火阑珊处。'此第三境界也。"这也可以说是在形象描述好的创意产出必经历的调研 - 酝酿 - 提案的基本过程。

五功密集（谐音武功秘笈）指从五个方面来深入把握如何进行文化创意，具体指与众不同、与已一致、微中生有、价值为王、巧妙至上。这五个操作方法可进一步浓缩为对应的五个关键词：差异、认同、微生物、价值、智慧。与众不同指涉的是定位问题，如何避免同质化与被替代的可能性；与已一致指的是注意与已有的资源已有的一切进行结合与延展，争取最大的认同可能；微中生有是"五功"中的核心，亦是 W 理论的核心概念，这是所有"功力"角力的地方。这里的微是构成整体文化创意这个"大画面"中的"小画面"，文化点的提取、提炼、契合与价值发现，是小心掌握及控制整个广告过程的每项元素，是来自对生活、对个人、对周围事物的观察、洞察与灵感，微中生有意即"大画面"与"小画面"要有机结合；价值为王指的是评价好的创意的实践标准，要关注经济价值、社会价值等多重价值。巧妙至上是衡量好创意的专业标准，巧妙是智慧的体现，是创意人的价值显著体现与证明。

七步成诗特指一个优秀的文化创意从产生到实施最后取得理想效果的基本步骤与过程。七步成诗是大家所熟悉的有典故的成语，但这里展现的七步骤是在借鉴麦肯光明公司常用的运作模式的基础上进行的概括提炼，具体可总结为：第一步：表述问题，第二步：分解问题，第三步：过滤问题，第四步：转化问题，第五步：点的突破，第六步：方案建构，第七步：传奇故事。这七步走，前四步都是在寻找问题，将现实中的问题与文化创意可以解决的部分进行勾联，可见问题意识在文化创意过程中的所占的大分量。第五步点的突破考验的是"微中生有"的功力。七步成诗的方法针对大项目大品牌而言，较小的创意不必刻意遵循。

至此，心数模式的一个心与四个数即2、3、5、7全部赋予给定的意义。

至此，由"我"的谐音5分解出的三个等式 $5 = 5 + 0$，$5 = 3 + 2$，$5 = 1 + 4$ 全部注入了"隐藏"着的文化创意话语，其中 $3 + 2$ 是主体部分，第三个等式 $1 + 4$ 则刚好是 $3 + 2$ 部分的心数模式的结构，即一颗心四个数，也突出了心数模式在 W 理论中的重要性。

第五章

世界的"七化"态势与欠发达区域发展

本章在梳理世界专尖化、品牌化、网络化、链条化、体系化、年轻化、时尚化等"七化"态势的大视野基础上，透视靖州实际，认为有新意的观点是：靖州要实现跨越式发展、弯道超车，一个重要方向是如何破解在低发展程度的现实中自觉地创新发展方式实现现代化发展。而这在当前新一轮改革与国家推动城镇化发展的大潮中具有超越个案的典型意义，有可能成为中国乃至世界的一个典型样本，直接贡献世界发展结构与进程，从而超越靖州发展，形成世界意义的"中国案例"。顺着这一思路，认为将靖州所在地怀化区域形象定位为"吸氧（养）怀化，和美天下"，更有弹性发展空间。

拜全球化浪潮所赐，在三十多年的改革开放进程中，中国在世界结构中所扮演的角色越来越重要、越来越多样而精彩，中国在经济、文化、政治等多个领域从世界结构之外逐步往中心的游戏规则制订者方向迈进。尤以北京奥运会为标志，"同一个世界，同一个梦想"理念承载着中国人志愿成为世界的一部分而不是游离其外的真诚行动与渴望。由奥运会联结起来的"中""外""你""我"们第一次成规模地和平欢聚在五千年华夏文明大地上。可以说这是中华民族第一次高度自觉地用世界的眼光来打量自己，是对千百年来中国人传统思维定式的颠覆与重生。它昭示着中华民族在真正融入现代世界后，将具有更加开阔的视野和更加广博的心胸。而这必将重塑中华民族未来在世界范围内拥有更大发展空间的新的心理定位，因为中国的和平崛起与中华文明的生机重现，使得充满隔阂的地球球体在许多方面将会越来越平坦如北京奥运开幕式展开并定格的美丽画卷。

世界的任何风吹草动，已如同蝴蝶效应远远超出气象领域在多方面可能卷起大风大浪，亦可能形成气象万千的云卷云舒。因而中国的任何一个角落都能伸出感知世界的触须，反之亦然，这端赖是否顺应时代潮流之道。但世界大潮也未必就如萤火虫般易于精准捕捉，也许尽管我们睁大了双眼看到的依然是表象。因而我们能做的只能是大致的观察，个人的判断。以下七个方面的有的是早已发生，有的是正在进行时，有的还待未来定型，因而以态势称之，又都以"化"字结尾，称为"七化"态势。这实际也能成为我们透视"如雾世界"的七个不同方位。

一、专尖化

过往各个行业都认准不能将鸡蛋放一个篮子里，都向往"大而全"，现实残酷的竞争结果无情的逼迫人们改变观念，只有走专业与行业拔尖、占据消费者头脑与心尖之路才是生路。与这种观点被认可相伴的是风险投资及金融资本也认可专尖企业，从而加速了摊大饼企业的困难与退市。因而，我们要创造一个好企业，想一味求大、一味求宽是不行了，只有把一点做好，然后切入市场，才有变大变强的机会。从消费者视角来考虑，即抢占目标消费者心智资源，用思想导引，形成对自己最有利的可识别机制。

二、品牌化

品牌由外部表现形式与内在价值信息共同组成。前者包括品牌名称、品牌标志、品牌口号等。后者指品牌利益、品牌个性、品牌文化等。如今世界已进入品牌时代，商业竞争已越来越多是和品牌的部分紧密联系在一起。值得区分的是，品牌化除了指一种世界经营管理领域的变动趋势外，由于品牌化现象的显著性，已成为具体商业运作方式，品牌化其实是对某一类或一系列产品的认知标准化、宣传标准化。以达到市场突出和市场区别的功用。品牌化对营销者而言：有助于促进产品销售，树立企业形象；可以保护企业合法权益；有利于约束企业的不良行为；有助于扩大产品组合；有助于营销者的销售。品牌化对消费者而言：便于消费者辨认、识别、选购商品；有利于维护消费者利益；有利于促进产品改良,有益于消费者;可以让消费者更放心的购买;可以形成一个完整的商业体系。因而,说品牌化已是一种世界潮流并不为过。

三、网络化

网络化源于一种技术,是指利用通信技术和计算机技术,把分布在不同地点的计算机及各类电子终端设备互联起来,按照一定的网络协议相互通信,以达到所有用户都可以共享软件、硬件和数据资源的目的。随着这种技术的发展与普及,现在,计算机网络在交通、金融、企业管理、教育、邮电、商业等各行各业各领域中,甚至是我们的家庭生活中都得到广泛的应用。而且目前各国都在致力于三网合一的开发与建设,即将计算机网、通信网、有线电视网合为一体。网络化已成为一种越来越深度介入全社会的技术,当然也就成了势不可挡的潮流,已影响到方方面面的社会生产与活动。网络化已全面颠覆与重塑人们的日常生活,它带来的是划时代的改变,已经改变并在继续改变整个星球。

四、链条化

这是网络化生活方式,尤其移动互联网深度介入社会各个方面的结果,即一个产业的上下游之间有着紧密一体化关联,在更大范围来说有"全球化链条定律",指跨国企业一直遵循的定律,即追随你的客户和他们的全球协议伙伴,免不了地,他们要"一串一串"地呈梯队进入中国市场。在商业价值链上互为客户,让跨国公司们形成了竖看一条线,横看一张网的类似于他们本土的商业环境。他们深知如每一环节都有他们熟悉和适应的伙伴,他们的运作将如鱼得水。

在网络时代,消费者也对链条有了反制作用,值得特别引起注意。汶川地震时,王老吉与万科都捐款一个多亿人民币,但起到反响效果却是天上地下的区别。这是因为消费者现在对一个产品不像以前只关注产品与品牌本身,而是开始挑剔产品生产链条上的各个环节,包括生产者的社会责任、社会形象、生产时的状态、生产动机等都能轻而易举借助网络进入消费者视线影响其购买与评价,而其集体评价结果又直接反作用于社会舆论进而影响更多消费者的态度与行为。因而，以前影响消费者的产品与品牌已拉长到生产环境＋生产场地＋生产者素质＋产品＋品牌＋使用者＋售后服务等等。任一环节的小失误都可能成为整个链条的灾难，实际上是供给方风险无限增加了，供需双方信息不平等地位开始更多趋向平等。

五、体系化

体系化概念在营销领域用得较多，所谓体系化营销，是指企业着眼于长远发展战略，以消费者需要为中心，把每个营销要素看成是整个营销体系中相互联系，相互作用的子体系，使所有营销要素形成有机的整合，系统地、全方位地进行市场营销，在满足消费者需要的同时提高企业的营销效果和实现健康的盈利。在传统的4P或4C营销方式下，企业多从一个点（比如价格、导购或一个赠品）或一条线（如铺货渠道）进行单点、单线的突破，将自以为是的某项长处发挥到极致，而难以甚至是不重视补足自己的短板，以及无法让每一个营销要素都一起增强。较易形成较大风险，使企业的市场竞争力多体现在某个点上，而无法形成面上的成体系的综合竞争力。不妨在专尖化、链条化思维基础上，将体系化概念放大，视其为将体系的观念和方法运用于实体运作的各个方面、各个环节、各个阶段、各个层次、各种策略（市场调研，目标市场选择、产品、价格、渠道、促销等）加以系统的规划和整合，使之前后成线、上下为经、左右为纬、纵横成网，而且强调各种资源的内部互动，大大提高其内外部的效力与抵抗风险能力。

六、年轻化

"品牌年轻化"已是目前业界流行的概念，国内市场以80后、90后为代表的消费者正由边缘走向中心。对企业而言，市场的变化从来都是双刃剑，机遇与挑战并存。与时代携手发展，市场就会欢迎你；落后于时代，就面临着被淘汰的局面。由于社会环境、竞争环境、消费者生活形态都在快速变化，品牌理念必须与时俱进，定位不断创新，从产品品牌（产品、渠道、企业角度）逐渐向顾客品牌（消费者角度、消费者洞察）提升，顺着这一思路走下来的是，业界越来越多的推广方式采用年轻人的语言交流，产品包装紧跟时代潮流，起用年轻代言人。导致的一个结果是对以前的成人化思维与主导形成较大冲击，年轻化成为多领域的一个全球化现象。

七、时尚化

时尚发展史是世界历史长河中最具决定意义的事件之一。它标示了现代性的发展方向。时尚有一个现代性的关键特征即对传统的摒弃。但在时尚中也蕴含着一个现代性不愿认可的因素，那就是：时尚是非理性的，它会为了变化而变化。时尚应用于许多不同领域，如服装、室内装潢、政治、科学、艺术等领域都能见到其身影，但要对其给出一个跨领域的抓住其本质的定义依然困难。实际上，对于时尚的深度认识与应用正是我们现代化过程中明显的短板。

上述"七化"态势并不是说这就是世界的全部，只是说这"七化"态势已然成为滚滚向前的势不可挡的世界潮流，智慧地顺潮流之道而行，成为不二的理性选择。

以"七化"态势的视角审视湖南省怀化市靖州苗族侗族自治县多方式高水平地利用杨梅来推动靖州发展，我们会有一些不一样的思考与启发。

总体来看，"七化"态势是"一化"态势即现代化态势进而关联多样化新兴生活方式的具体表现。我国在一路狂奔的现代化道路上有收获但更有困惑，即在中国现代化尚在进行之中时，在诸多领域与行业中有许多新的思潮与生活方式已扑面而来，这往往让身处现代化过程中的人们雾里看花，前路难辨，手足无措。我们判断，靖州发展也遇到了这一难题，从靖州现有的运作成绩与手法来看，似乎相关顶层设计还没有对如何破解这一难题、将矛盾转化为机遇做好准备。

我们认为，靖州要实现跨越式发展、弯道超车，一个重要方向是如何破解在低发展程度阶段自觉地以"创新方式"实现"现代化"发展。而这在新一轮改革开放、国家推动城镇化发展的大潮中具有超越个案的典型意义，可能成为中国乃至世界的一个典型样本。从更大格局来看，靖州发展因而有了靖州意义、怀化意义、湖南意义。

　　局限于笔者研究时间较短，对第一手资料把握不深入，只能从本人所在新闻传播专业视角谈点看法。当然也希望对上述难题有些许破题意义。

　　在此不妨先导入创意传播领域较新的概念"沟通设计"，这里的设计与平常我们讲的平面设计、工业设计有联系，但不完全是一回事，指的是要对如何沟通进行战略思考与规划，实际上是一种关于传播的战略思维。在这一概念的框架中，能沟通是第一位的，所有的一切都只是沟通的中介与手段，也就是说如能实现沟通就能有超常的收获，因而考虑收获远不如考虑如何沟通，意即设计沟通更重要。这就直接超越所有的障碍进入到人性层面，重点关注的是人与人如何对话与交流传通的问题，就是心与心的问题，是大环境与小环境的问题，因而靖州自己倒只是成为问题的一个小部分。就看这个"小部分"如何拨动化成震撼人心的交响曲甚至成为传奇案例。因而，对这一概念的中国思维与应用再开发无论怎样努力都不过分。

　　沟通设计俨然已成为一个泛领域的概念。顺着沟通设计概念内涵结合靖州实际，我们可考虑的结合方向是：区域生态资源＋特色历史文化资源＋时代精神＋前卫生活方式。随之，问题来了：靖州如何凭借有限的资源提供给无数人新鲜的感觉与前卫生活方式，并且让这种"提供"持续不断并越来越高级而又让各利益方总有收益与动力？除了高级利用自然与文化资源，别无他法？何为高级利用，与时代精神与新兴现代生活方式融为一体并提供精致的配套支持体系不失为可操作性方案。这种较有特色的发展现代化的方式因其特色鲜明的矛盾和解方式可能成为世界的一大奇观，反而引人关注。如果出现这种叠加效应正好是可遇不可求的事，甚至可能带来更大的发展机遇与资源。

　　一个可能的创意是可用"杨梅吐气正能量"作为整合传播的主题，将时代精神融入靖州发展之中。今天的中国已不再是改革开放前百余年时间全民族以屈辱的心态来为摆脱"挨打"与"挨饿"而奋发不止。宇宙的时间指针已转动至世界历史的中国拐点，全体中国人已有资格扬眉吐气，提振信心，放飞想象，整装重新出发，在真正的世界结构中担当构想力的柱子。让沉睡的华夏文明睁眼看天下，滋润所有需要的人。如果人们一想到扬眉吐气，就想到"杨梅吐气"，想到正能量的靖州杨梅，靖州的山山水水，风物人情，那时不是靖州在世界边缘,而是世界在靖州深处。实现这个目标,有沟通设计理念的创新传播、品牌运作方式成为可行之道。有意思的是,靖州的"靖"字拆开可成很有含义的短语"立青",再加上我国传统文化中的"真三不朽"(立言、立德、立功)构成"四立",可以将此"四立"予以创意理解来恰当引导靖州发展:立言指靖州要特别强调传播,因为言即说话与传播,立德指如杨梅等产品含有德的分量,如不打农药、不施化肥,且生产中安全和谐,人与人之间没有激烈冲突,立功即将产业做大,做成大事业,立青则指要立足青山秀水,特别以生态为立足之本。

除了从历时性的时间视角考虑时代精神,亦可从共时性的空间视角来审视,靖州如何与更大范围的所在区域怀化市整体呼应,联动发展,也值得深入思考。现在传播业非常发达,一个较有性价比与性能比的方式是通过区域形象的战略塑造与战略执行来提升整个区域的价值,小区域的突破性提升又往往带来大区域整体形象知名度与美誉度的提高。著者在研读了怀化主题的相关论文后发现,关于怀化以何种形象来让世人感知仍有待深入研究与实践。尤其其辖下各地域文化整合并进而联动整个世界,这不只是一个说说而已的事情,要定下战略后进行持续不断的努力实践。在这里不揣浅陋,说说著者对于如何让靖州的扬眉吐气精神与怀化可挖掘的精神统一起来的思路。关于怀化城市形象的定位,相关文献提炼了讨论较多的概念有:生态美城、物流大市、国际稻都、火车拖来的城市;杂交水稻的故乡;生态城市;商旅城市;抗战胜利城市;夜郎故国;物流城市;多民族城市;古建筑城市;大西南桥头堡城市;古韵城市等。从这些关键词来看,基本上在写实怀化城市形象上做文章,有些较有价值,但也有一些概括不太准确,可能让外界感受不到这描述的是怀化,如火车拖来的城市,20世纪80、90年代这句话对提高怀化的知名度确实起了很大的作用,但时过境迁,"火车拖来的城市"现在确实既不是怀化的特色,也不是优势了,象包头、攀枝花、郑州、鹰潭、株洲、玉门、石家庄等市也自称为"火车拖来的城市",且这些城市的物流业比怀化都要发达,因此,把"火车拖来的城市"、"物流大市"作为怀化城市形象的标签,有研究者认为是不妥当的。同时,"生态城市"、"商旅城市"、"多民族城市"、"古建筑城市"、"古韵城市"这些泛化的称谓在中国 280 多个地级城市中，估计半数以上都可以这么自称的。此外，把"夜郎故国"这样备受争议的词作为怀化城市"名片"显然是不恰当的。有研究者在排除了上述定位关键词，认定真正属于怀化特色的就只有杂交水稻的故乡、抗战胜利城市、大西南桥头堡城市三个了，并据此提出要以和平文化和稻文化作为怀化城市形象的"代言人"，将宣传口号提炼为"和城稻寨"。研究者的这一视角与研究成果可以说是现代化思维的一个较有价值的成果。但以后现代思维，以历时性与共时性视角来看，似乎延展空间受到局限，与生态资源、文化资源整合难度挺大。不妨在这一定位的基础上再提纯与升华，考虑到区域的已有相关资源，著者认为定位为"吸氧（养）怀化，和美天下"，更具张力与包容力，氧与养，即清新空气与养料，将怀化区域主要的森林生态优势与作为世界主食的杂交水稻文化特色用一个音合在一起，进行了高度抽象，并且可实指亦可虚指，"和美天下"突出了和平文化的宽广视野主题与价值，与无数人的理想心灵关联起来，当然也能更好转化成现代五光十色的无以穷尽的形象，这也符合新兴现代生活方式的发展趋势。为突出与实践这一主题，甚至可以调用更多层面的力量，如将抗战受降纪念地地位放大，将和平文化节放大，释放和平文化的世界力量，甚至于努力做足条件，创意发展，打造"国家怀化和平文化国际旅游度假区"（这只是笔者一种构想）。从与靖州的关联来看，靖州青山叠翠而又四季常青、覆盖率达 74.1% 的森林环境、正能量的杨梅等资源都能完全包容于"吸氧（养）怀化，和美天下"主题之中。这样，吸足了"时代精神"的小小杨梅穿越时间与空间，支撑起靖州与怀化的未来美好蓝图，甚至形成世界意义的"中国案例"。

第六章

数字传播与中国元素

本章以自然科学领域"元素"概念的内涵演变为逻辑起点，为思想与技术兼具的较有包容力与生长力的"中国元素"概念注入更多内涵，由此放大"中国元素"概念的力量，发展出有现实指向性的观点：中国元素概念智慧地将偏向主观的中国传统文化导向辩证唯物主义；中国元素概念可视作中国当代广告发展的核心概念突围；中国元素成为中国制造与中国品牌升级的新动力新办法。在此基础上，将中国元素概念与中国奇迹概念对接，认为中国元素模式可能成为新的"中国奇迹"范本，由此将原先相关度并不明显的一组概念建构成以中国元素为核心的有紧密的内在逻辑联系的概念群，即"元素、中国元素、传统文化、现代文化、中国广告、中国制造、中国品牌、中国奇迹。"这一概念群关联现实发展，有理念有路径有聚焦地指向令人心驰神往的中国新未来：中国奇迹新一季。

正应了那句古语："三十年河东，三十年河西"，中国传统文化经历了从百年前的长时期有着高度自我认同的文化优越感到被视为导致中国落后于西方发展的绊脚石而被否定与冷落再到今天再度被高度正视、主动传承发展的曲线历程。但如果我们以 500 年时间段为标尺来衡量的话，中国传统文化大部分时间是走在宽广的大道上，只有很短的时间是走在陡峭的羊肠小道上。由历史鉴未来，中国传统文化必将迎来较长时期的新的大发展大繁荣生机，只是有速度的快慢之分。但要让世界上唯一绵延五千年的文化传统以较快的速度复兴发展是一件非常复杂的事情，不能是简单的回到过去式的复兴，它需要在有机切入当今社会大系统，巧妙而智慧地破解今天乃至可预见的未来之可持续发展难题，无可替代地在贡献社会大系统中复活自身才有强大生命力。于是中国传统的创造性转化成为核心议题。这需要创新思维方式，有更贴近的概念层面的合逻辑抽象与牵引。检视近些年相关学术概念，会发现"中国元素"一词是一个思想与技术兼具的较有包容力与生长力的概念。

一、中国元素概念智慧地将偏向主观的中国传统文化导向辩证唯物主义

中国元素概念是以"元素"概念为基础，而元素概念是自然科学领域尤其是化学领域的基础概念，其本身也经历了一个较长的演化过程才发展到今天以原子序数为精确衡量标准，形成有清晰共识的概念。研究者丁永霞在《化学元素概念的演变启示》一文中认为，中国古代形成了整体的、关联的、和谐的元素观，蕴含着现代整合论和系统论的萌芽。但这种相互的整合论是建立在感性直觉的基础上，其中有不少天才的猜测，也有许多牵强附会的成分，具有笼统特征与神秘色彩。而古希腊的哲人们侧重从更深层次上把握研究对象整体的内在联系和规律的必要手段，成为人们剖析、拷问自然，从而认识和改造自然的强有力的工具。凯德洛夫在《化学元素概念的演变》专著中较详细深入考察了两百多年的化学中"元素"概念的演进脉络后在结论中认为："关于物质的科学的全部历史清楚地证明，人的思维愈深刻透入到物质内部，愈全面地认识至今已知的物质形式的最基元的形式，那么，这样一个论断，即自然界中的全部事物都是根据唯物主义辩证法规律而实现的，就变得愈加不可驳倒"。"元素概念的外延与内涵（即对客体本身认识的广度与深度）之间的正比关系恰恰是在自然科学认识发展的过程中建立的；因此，只有当我们把对自然界的认识当作历史的过程来考察而不是当作某种给定的、既成的、完结了的东西来考察，才能阐明这种关系。这就是说承认元素概念的外延与内涵之间的正比关系，正是辩证逻辑的特征，辩证逻辑把真理当作一个过程来考察，即从历史的观点来解释对自然界的认识及其成果。"考察"元素"概念的发展脉络，为我们更好理解"中国元素"概念提供了一个参照系。虽然我们是在比喻的意义上将元素概念转移到精神文化艺术领域，"中国元素"概念中的"元素"的含义与化学等领域的含义已完全不是一回事，变成了中国元素符号与中国元素精神，成为具有中

国文化识别性的那些要素，既是复数概念也是单数概念。但这一概念能较好引导对接当前人们已经根深蒂固的物质观念，以较少内在观念冲突的状态顺理成章地理解与接受如同物质需要一样的"文化需要"。

但是，近代以来的现实是特定时期的政治、经济在推动社会迅猛前行的同时，荡涤着国民的思想文化行为规则；"破"字当头的摧枯拉朽与"立"字滞后的缓慢无力，在制造诸多头脑式文化空巢的同时引发社会文化失范；作为有强大引导力、组织力、约束力的优秀传统文化，因系统论意义上的完整性在实践中不复存在，更多仅以商业资源意义上的"元素"或"因素"而碎片状残留，对社会的维护规范功能严重弱化。① 此外，有一个人所共知的事实是唯物主义的观念已为当下人们普遍接受，这是我国社会发展进步的表现。这样，问题就产生了，如何在确保唯物主义观念不受大冲击的大前提下更好复兴发展庞杂且有着较强主观性偏向的传统文化？此时，"中国元素"提法的智慧体现出来：将传统文化碎片状基元化，成功将偏向主观的传统文化转化为对象性资源，导向重新解析、组合旧有元素的无穷可能性，以最大范围多层面内涵的"中国"概念将所有基元统合成整体，再如同元素概念的演进历程一样，适用人们所熟悉已接受的联系的动态的对立统一的唯物主义辩证法规律，形成中国元素概念的外延与内涵之间的正比关系，推动有自觉主体性文化偏向意识的文化经济社会安全地大弧度转向性发展，以中国传统文化为底蕴的中国文化由此得以不断生长壮大。

二、中国元素概念可视作中国当代广告发展的核心概念突围

近些年，随着中国经济的崛起，中国又重新回到世界舞台的中央。"有着5000年文明的神秘古国"引起全世界新的关注。实际上，这轮新关注带给我们的是压力，也是动力与机会，甚至是在新的更多领域的责任。我们自信自省之后，才发现我们的祖宗留给我们的遗产原来是"无价之宝"。以下词语已被近些

---

① 沈望舒. 文化传承体系的"集成之道". 瞭望·新闻周刊 http：//www. lwgcw. com，2013 - 2 - 13.

年各色媒体反复呈现：那用木头搭起来的雕梁画栋，用毛笔写就的行草篆隶，飘落在敦煌的飞天，装饰了西方中世纪宫廷的 china，成就君子之交的 tea，还有我们的昆曲、京剧、孔子、老子、李白、筷子、中国红、春节、中医、乐器、刺绣、太极、祥云图案等，一时间，全部粉墨登场，有人谓之曰"中国元素"。① 敏感的中国广告界更是在新千年之初就在概念阐释与实践上走在相关领域的前列：举办中国元素专题论坛、组稿相关主题论著、寻找最有影响的中国元素等活动不一而足。自 2006 年始，在年度中国（国际）广告节上，增设"中国元素国际创意大赛"专类奖项，形成较大影响。虽有些文献对中国广告界的中国元素应用甚至中国元素概念本身持批评意见，认为应用过于肤浅，创意缺乏深度，概念内涵不明晰等等，但这些意见较多偏向应用的具体技术层面问题，也发展过程中的问题，相关批评声音实际上有助于中国元素理念与技术实践水平的提高。更多文献秉持发展中国元素的观点，分析现有成果与特点，提升对中国元素发展问题的认识，在理论观念层面呼应推动了实践发展。

中国现代广告虽然在 20 世纪 30 年代上海有过萌芽式发展，但长时期主导中国广告教育学术界与中国业界作业模式的几乎全是舶来品，评价标准也几乎导源于西方。当今中国广告界难得的在理论与实践层面上的中国元素指向的集体努力，可视作中国当代广告发展的核心概念突围，成为中国广告业贡献中国与世界的一种新的思维方式，灵活而创造性地处理与转化既有文化资源与时代新元素的点线面，进行新结构与新关联，成为中国广告人的集体觉醒。在迈出艰难的第一步后，中国广告界的中国元素道路必然会越走越宽广。今年北京召开的第 43 届世界广告大会中国元素成为主导性议题便是明证。广告符码需建立在部分共识基础上，广告最常做的是资源整合与锦上添花的工作，虽然也可以无中生有，但往往是以更大成本为前提，这也可以用以解释为什么早些年整体广告符码的文化含量偏低状况能存续较长时间，这与文化元素共同兴趣与共识度若要达到具有竞争性的广告价值要经历艰难的第一步密切有关，并且这往往不是单靠广告一个行业能做到，要靠社会诸多行业的整体努力，我们还可以关

----

① 崔利萍. 从中国元素到中国精神 [J]. 艺术百家，2012（2）：201.

注到的是这几年中国较具文化水平的公益广告大规模投放提升了中国广告整体的文化含量，并关联影响到商业广告的中国元素选择。

　　循此思路，我们容易看到，中国广告业凭借中国元素概念的理论与实践，将有力拓展原有广告概念的边界，冲破"只有能卖货的广告才是好广告"的单一广告评价标准束缚，成为有自觉本土主体性观念指引的发展，主动承担起助力中国经济文化社会转型发展的更大责任，为整个行业发展明晰远景目标与技术路线。有研究亦认为，如若此前的广告民族化或本土化的讨论主要集中于广告业务本身的话，那么近年兴起的"中国元素"运动，则标志着中国广告乃至营销活动开始了一个崭新的历史阶段。具体表现在 3 个方面，第一，中国广告人开始集体性地自觉地思考如何把中国文化、中国广告以及中国品牌的国际化联系起来；第二，中国广告人开始更为自觉地以世界性的胸襟，从全球化时代人类文化发展的角度把中国广告的民族化与广告、营销的文化责任联系起来；第三，"中国元素"运动标志着中国广告人更为自觉地以文化人的姿态和形象而不仅是以一种专业形象跻身于当代社会发展进程之中。①

三、中国元素成为中国制造与中国品牌升级的新动力新办法

　　黑格尔在《美学》中断言："只有具体的办法才是行动的依据"。一般而言，从抽象的理论到具体操作技术是一个较具难度的转化过程，但中国元素概念因其简明易懂，较智慧地建立人们既有常识之上，在行动方向上降低了转化难度，能有效形成方向性焦点性导引，将人们从望而生畏的浩如烟海的文化资料大量堆积、费时费力也难解且很多文本内涵无定论的迷宫中摆脱出来，比照化学领域的元素的客观结构去把握文化元素较稳定的特征，在文化元素基本粒子集团中去轻松采撷所需"文化粒子"，充分发挥"文化粒子"的久远时空印记功能、介物功能，精神特质的创造性转化可能，在模糊性中建构与发掘精确性，以精确性反过来导引人们去深化理解欣赏模糊性之美，再以分类思想将孤

立的元素联系起来，系统化表达成适合今天中国制造与中国品牌升级需求的规律形式，从而形成总量上的规模效应，综合之后的集聚效应与融合效应。

这在某种程度上要得益于当今的数字传播环境。工业化，在本质上是干巴巴的，工业化好比一台烘干机，将社会关系中一切带有人情味的东西烘干，然后用原子式契约将个体联系起来。而今天的万维网、微博、微信、客户端等组成了社会性软件，人人凭此联结。但这些只是技术，关键是人与人的关系得以改变。在云计算中，个体与个体之间恢复了部落社会才有的湿乎乎的关系——充满人情、关注意义、回到现象、重视具体。中国人把社会关系上的湿，叫作仁，说的就是一小群一小群人聚在一块儿，在人情、意义、具体现象中体验人生。① 在这一过程中，除了需要高水平专业人士的努力，特定行业的努力，更要关注与动员无数人的"举手之劳"的中国元素关注欣赏与小转化小创意，如只需动动鼠标点个"赞"字或转发按钮，使沉寂的文化资源活在当下，如同稀薄空气运动流转，在不期而遇的它处与更多元素组合碰撞放大闪耀光芒。

互联网环境不仅提供地球村人们更多交流的可能，而且有了消化更多文化资源的动力与可能。随着互联网络的普及性应用，以前要花费较长时间处理公事或私事的时间会有更多节省，克莱·舍基将这种节省出来的自由时间视作一个集合体，称为认知盈余。由此，他认为，庞大的选择是一种集体行为，是数以百万计的微小选择的集合。全世界的认知盈余太多了，多到即使微小的变化都能累积成巨大的后果。随之而来的，人们会以"参与文化"来改变20世纪社会生活原子化的状况。这样，创造与分享成为不需要个人行为的大幅度转变来使结果发生巨大变化。② 当下的中国元素概念正是较好地契合了这一网络环境，试图通过个人微小变化的庞大规模集合实现适合时代需要的批量文化资源活化与新的生长。更重要的是全球性的文化形象的深入人心的累积性改变会提升整个国家的整体形象，从而将形象力惠及中国制造业与中国品牌，而中国制造与中国品牌又由此有了更多已被盘活的具备部分共识基础的文化资源来加以合理

---

① ［美］克莱·舍基. 未来是湿的 ［M］，北京：中国人民大学出版社，2009：5.

② ［美］克莱·舍基. 认知盈余 ［M］，北京：中国人民大学出版社，2012：2.

吸引与创造性转化。

在具体操作上，有研究者亦认为，挖掘本土的元素更能接近受众，运用熟知的知识体系更能引起共鸣，解构惯有的思维观念更能打动心灵。①

要升级中国制造与中国品牌，在数字传播环境下，须寻找新动力新办法。与一切环境皆媒介，一切皆广告皆传播的时代相伴随的是，传统意义上的广告简单高效时代正逝去，未来广告主要靠"隐力"与"弱作用"起作用，如同研究者指出的，"隐告"巧妙地把广告融入节目、活动、产品等各个无所不在的地方，重新恢复了广告"广告而告之"根本属性。"隐告"的好处在于它不让人讨厌，随风潜入夜，润物细无声，在"渗透"而不是"灌输"的状态下把所有的一切都变成广告。② 也许现在我们在"渗透"一词之后还可加上互动沟通、共赏、分享、合作共赢等概念。这种方法，实际上也是数字化环境下活化文化与跨文化传播的较有效的具体操作。

四、中国元素模式可能成为新的"中国奇迹"范本

法国著名广告评论家罗贝尔·格兰曾写下感性的修辞："我们呼吸着的空气，是由氮气、氧气和广告组成的。"中国元素概念的解构与再结构功能与广告的超强关联功能有着内在一致性。数字传播环境下的广告也许作为核心技术能将不同时空中的多种文化元素提炼调和成滋养我们心灵的清新扑面的文化空气。有研究认为，在全球化的今天，民族精神的核心是维系一个民族存在的安身立命之本。③ 前面已探讨，中国元素概念是一个当代颇具智慧的思想与技术兼具的有包容力与生长力的概念。也就是说这是一个相对"中层"的概念，在当前现实环境中我们若要对接一个更高一层级的观念，也就是说更偏向观念性而少技术性的概念，检索比较相关较有影响的概念，不难发现"中国奇迹"是一个

---

① 王英才，封艺，洪浩．论中国元素在广告中的运用［J］．企业科技与发展，2013，18：65

② 刘悦坦．20 世纪世界广告理论中的"人"、"术"、"物"［J］．中国媒体发展研究报告，武汉：武汉大学出版社，2009 年·广告卷：75.

③ 成阳．"中国元素"内涵精神性观念系统新论［J］．美的历程．2012，08. B：10

较合适的概念，它早已关联中国经济发展奇迹而成为人所共知的高频词汇，它刚好能为中国元素概念实践过程中"举手之劳"的文化元素传播与创造性转化行为提供一个指向性的价值牵引，从而将不同层面大大小小的文化消费、传播与创造行为附加上更大的一层意义，每个文化参与者都能看见大规模集成的力量，零碎分散的力量被集合起来，再加上更多资源与机构进行科学的具体方向性调整（如运用大数据技术进行文化评价），发展动力与模式由此形成。在不须附加任何额外资源的条件下，每个人能真切感受到更多的人生价值，体验艺术的滋味，这体现的是有悠久厚重文化底蕴的力量、理论的力量、设计的力量、文化思想的力量。有研究者写下如是句子："中国模式在途中，中国元素是中国梦的文化基因，伟大的中国梦在实现的过程中：每一个做梦的中国人都要为中华民族的伟大复兴贡献力量，每个中国人都要在梦中改造自己的人性，在实践中完善自己的人格，为进一步完善中国模式尽自己的一份力！"① 确实，中国人不仅认同并秉持"己所不欲勿施于人"的个人内在修为操守，更有主动"成全"他人他物大蓝图的心理基因，一旦某种"画图"具有足够说服力与吸引力，成为人们想得通看得见摸得着的蓝图，就会凝聚多种力量使得蓝图成为现实，甚至在某些时候远远超出人们最初设想。由此原先相关度并不明显的一组概念可形成以中国元素概念为核心有紧密内在逻辑联系的概念群：元素、中国元素、传统文化、现代文化、中国广告、中国制造、中国品牌、中国奇迹。这一概念群紧密关联现实发展，有理念有路径有聚焦地指向令人心驰神往的中国新未来：中国奇迹新一季。

有研究者在探讨三十年来的中国元素运动后认为：跨入 21 世纪，中国人理智地发现了过去一百多年里被西方化遮蔽的中国元素的宝贵价值。中国元素运动同样也是一场民族主义的美学运动，它的基本立足点是一个正在变得强大的民族国家确立表现自身的符码系统，中国元素运动的兴起和中华民族文化自信心的提升与文化思考的理性回归密切相关，是一个多灾多难的民族在新世纪反思传统文化和追慕国故的集体无意识。从这个意义上看，中国元素运动是中国

---

① 邵龙宝. 中国元素：实现中国梦的文化基因 [J]. 兰州学刊. 2013，07：10

传统文化反抗以西方化为主导的全球化的一次文化突围。①

在更深入的相关支持理论层面，美国著名人类学家克利福德·格尔茨（Clifford Geertz）的观点较有说服力与关联性。他是致力于复兴文化象征体系研究的知识运动的前沿人物。他在《文化的解释》等著作中，认为"文化是一套由象征有机地结合而形成的意义体系"。这种见解别具一格，颇具见地。关于文化是如何影响并体现人性的，他提出两个观点：第一个是，最好不要把文化看成是一个具体行为模式——习俗、惯例、传统、习惯——的复合体，直到现在大体上都是这样看待文化的，而要看成是一个总管行为的控制机制——计划、处方、规则、指令（计算工程师将其称为'程序'）。第二个观点是，人明显是这样一个动物，他极度依赖于超出遗传的、在皮肤之外的控制机制和文化程序来控制自己的行为。② 实际上也就是说个体的行为与其生活生长的后天文化环境密切相关，在今天已与所生活的数字化环境密切相关。

关于人为何要运用文化或文化是怎样产生的问题，格尔茨认为越是低级动物才越靠遗传因素来指导行动，而像人这样的高级动物就不仅靠遗传来指导自己的行为，更靠获得外在符号源来调节自己的行为。正因人的有组织、有意义的符号象征体系——文化模式，才使人的行为变得可驾驭、可理解和有意义，否则人的行动就会变成一个纯粹没有意义的行为和突发性情感的混合物。由此，他的结论是：文化不只是一个人的装饰品，更是人类存在的基本条件。③ 正所谓，人是符号的动物，人是文化的动物。

最后，我们分析一个放大与创造性转化中国元素的具体案例。以下是2008年北京奥运会开幕式关于缶阵的报道：

一道耀眼的天光，激活了"鸟巢"内古老的日晷。日晷强光反射，又点燃了"缶阵"。缶阵光波律动，2008 个身着银衣的刚劲汉子，挥棒而下……"咚咚咚咚""咚咚咚咚"，滚雷的节奏声中，发光的缶面次第闪出 60、50、40、

---

① 吉汉，刘蒙之.三十年来的中国元素运动［J］.新闻知识.2009，05：18

② ［美］克利福德·格尔茨.文化的解释［M］.韩莉，译.南京：译林出版社，2008：56 −57

③ 杨生平.试析格尔茨文化观［J］.贵州社会科学.2014，02：66

30、20 字样。最后又梦幻般地闪现出最后 10 秒倒计时。焰火升腾、群情激昂，北京奥运会开幕式，在高亢鼓乐和震天欢呼声中拉开帷幕。

开幕式总导演张艺谋说，作为奥运会的开篇，倒计时这一段落十分重要。他表示，历届奥运会的倒计时，基本上都是采用播放短片再配合焰火的方式。"但我们希望创新。"于是，他就将击缶的表演往前移，在缶上装上发光体，让天外来光激活日晷，再让日晷反射光触发击缶，"传递一种光阴的概念"。

据了解，缶阵的成功，并不在于技术，而在于击缶的人。2008 人击缶而歌，要达到非常精准的程度，动作整齐划一，图像有机咬合，这是非常困难的。在表演中可以看到，2008 个演员的胳膊同时抬起，无论从哪个角度拍摄都在一个水平线上。①

无疑，缶阵出色地完成当时所属环节的任务，也打上了创造性转化中国元素的鲜明印记，但从文化角度审视，我们当时似乎还可以有更多将这一元素转化赋予更多意义的可能。缶阵可浓缩为只是创造性地转化了中国人较为熟悉的常识性的成百上千个成语中的一个：击缶而歌。我们可以运用中国语文常用的谐音方法将之转化为"击否而歌"，便很快与世界各地都能理解的辩证思维创新思维联系起来，缶阵由文化的器物表层深入到价值观思维方式的核心层，从而获得更长久的更宽广的解释力与生长力。虽然现在市场上有奥运缶等产品外销，但如果这种关联能牢固建立的话，市场上的相关产品可能更多，如缩小版纪念品等，并且产品反过来亦能强化这种关联性。也许中国文化的核心内涵早就预留了无数的容易关联他者的接口，只等我们去发现与开启转化。

---

① 叶铁桥. 奥运开幕式大解读. 中国青年报，2008 - 08 - 10.

第七章

湖湘文化特质与广告理论建构

　　本章在检视中国广告理论研究现状与问题的基础上，让作为区域文化典型代表、中华文化重要组成部分的湖湘文化"出场"到中国广告理论研究领域，将湖湘文化特质提炼总结为四个层面，即经世致用，实事求是；浪漫灵泛，适性自然；开放包容，兼收并蓄；独特的忧乐求索观，并逐一探讨该特质与广告深度契合的联结点，并将这四个层面创意提炼成"实适容观"四字，再发展成广告是"事实世界"、"适然世界"、"有容世界"、"观念世界"四个世界综合体的理论新视角，并将其建构成锥形广告范式，认为湖湘文化特质能为当下的中国本土广告理论建构提供横向整合所亟需的宽广视野与丰富而圆熟的理念与操作技巧。最后结合现状与问题，对中国广告理论的未来研究进行了展望。

　　岳麓书院大堂门柱上刻有著名对联："吾道南来，原是濂溪一脉；大江东去，无非湘水余波"。千古长流之湘江，涛尖浪尾皆诗皆典皆学问。此诗此典此学问，正如同湘江水般宽容博大、气象万千，而且依循历史的轨迹延传至今千余年，历久弥新，生生不息，唱响湖湘、声震华夏，成为"蓝墨水"河流的重要源头。

　　之所以让作为区域文化典型代表、中华文化重要组成部分的湖湘文化"出场"到中国广告理论研究领域，是因为我们发现：湖湘文化特质能为当下的中国本土广告理论建构提供横向整合所亟需的宽广视野与丰富而圆熟的理念与操作技巧的支持。

一、中国广告理论研究现状与问题

作为一线广告专业教师，常感困惑：这么多年了，我们花了无数的精力与代价去免费传播国外广告理论，对国外的名字比国内还熟。但说实话，国外理论虽然一个接一个，但并不是深刻到哪去，复杂到什么地方去。我们要到哪里寻找我们自己的主体性？

概念与解释可以有机结构成理论，一切理论都是抽象概念与建构，任何理论都具有不完备性，只能部分反映真理。理论具有组织与总结知识、聚焦变量与关系、辅助观察与阐明观察对象、预测未来、启发思考、提供研究框架、生成演绎、引起变革等功能，在评价理论时，追问以下问题有助于深化思考的方向与深度：理论告诉了我们多少东西，它们在逻辑上是否一致？是否具有开展进一步研究的思想？它具有怎样的开放性与预测性？是否具有简约性，简明而优雅？① 以此视角来观照当代中国广告理论研究，虽然我们有关广告的理论研究成果已很丰富，甚至不乏真知灼见，但我们还拿不出像 USP 理论、品牌形象理论、定位理论等学界业界通用的相对独立完整的原创性的标志性的理论成果，因而我们自己的广告理论之路依然要上下求索或者说还有很大的发展空间。因欠缺我们自己原创的有影响力的独立广告理论，或许我们提"中国广告理论创新"还为时尚早，而是要提中国广告理论的建构。但我国的西方广告话语已在"他乡"成"故乡"，离开这些话语学界与业界都已无法沟通，从这一角度看，"创新"的提法似乎更符合实际。不妨将检索到的颇具启发性的相关研究成果引述与整理如下。

有研究者指出，今天我国的广告学研究虽然也有了一定的研究成果积淀，但在理论研究上却鲜有突破性的进展与创获。有"术"无"学"仍是人们对广告的一种整体评判。在国内已有研究成果里似乎只有对国外广告理论的体系架构和具体观点的亦步亦趋，而很难看到对类似于"广告的功能与实质"这样的基本理论命题的深层追问或对某些重要理论的大胆审视与重新解读，更少看到具有全新方法论意义和指向性意义的研究。当今广告理论的学理阐释与基础理

---

① ［美］斯蒂文·小约翰. 传播理论［M］. 中国社会科学出版社，1999：37－50.

论建构还相当薄弱，甚至在一些广告的基本理论问题上，我们大多还停留在经验与感觉层面，缺少深入的、辩证的、逻辑的学理思考。这不仅在我国是如此，这也是一项世界性的缺憾。在全球的广告界，至今只有广告大师而没有广告学大师，广告学的理论研究迟迟没有完成由经验向学理的转型。①

　　有研究指出，近年来，越来越多的人关注我国广告学的学科发展问题，尤其是广告研究的规范性、学术性、科学性问题日益受到重视，广告学理论的本土化构建成为亟待研究的课题之一。尽管当今我国广告实践中出现的诸多问题急迫地需要寻求理论的解释与指导，然而现实是我国广告理论的研究远滞后于实践，理论解释力非常有限。在广告教育领域，近年我国广告教育发展迅猛，全国数百所高等院校开设了广告学专业，但与之相伴随的是广告学的专业性、学术性研究缺乏，广告理论研究的滞后已不能适应广告教育的人才培养目标。再加上本土广告理论的缺乏使得西方广告学理论乘虚而入，成为本土广告界的唯一理论参照，这显然是不够的甚至是危险的。西方现代广告理论是西方广告业在西方社会环境中的产物，没有任何一种西方广告理论能够完全契合中国国情，因此，我国本土广告传播理论的建设还需经历一个较长的历史过程。我国现有广告传播理论研究成果主要三个来源：一是标明广告传播学研究旨归的成果；二是以一般广告学研究面目出现的成果；三是作为其他学科研究的副产品出现的成果。整体上看，目前我国广告传播理论研究较为零散，总体上滞后于广告传播实践的发展。但由于受到传播学研究的影响，已有学者试着用传播学的理论和方法研究我国的广告传播实践，这是近年来广告传播理论研究领域中的亮点。②

　　亦有研究指出，中国广告学理论研究已步入新境界：在广告研究机构的建设上空前繁荣；在广告理论成果发布平台建设上特色互补；在广告教育方面发展迅猛，强度竞争在即；在国际学术交流上正继往开来。有两条主线非常明晰地主宰着中国广告理论研究的进程和研究水平，即国际广告界的风云变幻成为

---

① 张金海，周丽玲. 我国广告理论研究现状 ［J］. 中国广告，2004（9）.
② 夏文蓉. 论中国广告传播理论的建构 ［J］. 新闻大学，2008（2）.

中国广告研究的显性引导者，中国国内环境的发展新貌成为中国广告研究的必然立足点。在这两条主线的前提下，现代中国的广告理论研究始终处于引进——对接——冲突——融合——超越的过程中，而寻找最终的融合与超越，是中国广告理论研究者的使命。而由于现代中国广告市场的特殊性，中国的广告理论研究始终滞后于广告业发展的步伐，而"现学现卖"式的研究背景，又使得中国的广告研究者在一个个新观念、新动态前疲于奔命。人们都视广告为一门边缘学科、交叉学科、应用学科，可以说它是一门整合学科。它的价值在于整合各种相关学科的理论体系，整合出一个新的有效的营销传播体系来，但整合的道路异常艰难。作为一门学科，作为一种理论研究，中国广告学者的路还很长。①

总体来看，值得我们反思的两个问题是：我们被飞速发展的广告业与广告教育的现实逼得太紧了，不急不行，疲于奔命，而结果是欲速则不达；我们"鞠躬"太久了，跟现实贴得太近了，习惯了使用放大镜、显微镜，而放弃使用"望远镜"，结果是不知道站得高才能望得远，"捡了芝麻丢了西瓜"。

二、湖湘文化特质与广告的深度契合

近些年许多人都曾疑惑不解地追问这样一个问题：新中国建国伊始的很长一段时间内是由一大批湖南人主宰国家政治舞台；接下来的 20 世纪 80 年代又有一大批湘籍文学人士在中国文坛上活跃了好一阵子；而 90 年代中后期至今，在这块经济并不发达的土地上突然雄起以电视湘军为代表的文化产业，许多湖南电视节目和栏目猛然火遍全中国，影响全世界，并被誉为"湖南电视现象"。对于其中原因，有研究者分析认为湖南人能在政治、文化等上层建筑领域里常领风骚，这不是偶然现象，而是一种文化的延伸，这就是近些年来学术界提出的所谓的"湖湘文化"的延伸，由于有着深厚古老而且不断丰富新内涵的文化底蕴，于是湖南这块并不富裕的土地，亦能滋生孕育出参天政治文化大树。意

---

① 胡晓云. 现代中国广告学理论研究历程及现状 ［J］. 现代广告学刊, 2005（110）.

即文学湘军和电视湘军在一般人不看好的生存空间中存有着崛起的基本内核。① 我们不妨将这种"基本内核"定义成"湖湘文化特质"，并顺此思路，挖掘、建立其与广告理论的内在关联。

湖湘文化是湖湘大地上历朝历代的有识之士精神建构与传承的结晶，其间纵然历经起起落落，然而在禁受了千年的时间洗礼后，现已趋于一个相对稳定的结构。关于湖湘文化的典籍早已汗牛充栋，关于其特质的总结著述也相当庞杂，因湖湘文化内涵的丰富性，加之视角的不同，具体观点的差异分歧也较多，但若将其展开深入分析，可以发现它的内部包含有相对稳定的基本要素与整体功能等方面的特质，这些特质承载着湖湘文化的灵魂，是"牵一发而动全身"的总枢纽。为表述方便，本文在吸纳有关研究成果基础上，将湖湘文化特质提炼总结成四个层面，并在此基础上探讨与广告理论可能的深度关联。

1. 经世致用，实事求是

经世致用是"湖湘文化"的精髓，即重视实践的务实精神，高度凝聚着实践理性与"天下兴亡，匹夫有责"的公众参与意识。实事求是岳麓书院最为尊崇的理念之一，很早就被制作成牌匾在书院高悬，伟人毛泽东后将此重新阐释，现成为毛泽东思想的精髓与邓小平建设有中国特色社会主义理论的哲学基础。

湖湘文化是蕴含伟力的文化，但在未遇到能得以充分释放的机会时，它的伟力不仅不为世人所知，即便身受其熏陶的湘人自己也不一定对它有清晰的认识。从两宋等至元明，直到清末道咸时期，历史的机遇才让湖湘文化的伟力，如火山喷焰般突然迸发出来。这一次大迸发彻底改变了湖南的形象，它不仅让湘人的生存硬件大为改善，更将一种自信心扎根于湘人的信念中，将一种精神贯注于湘人的灵府深处。这种自信心和精神远远强过那些硬件，它顽固地代代相传，成为湘人立身处世奋发有为的不竭的力量源泉。② 有一种颇为流行的观点认为湖湘文化只对政治、军事感兴趣。其实不然，经济与政治、军事，作为重要事业在本质上是一致的，它们都是众人才智综合的事业，其实，换个角度

① 刘健安."湖南电视现象"与湖湘文化［J］.理论与创作，2001（1）.
② 唐浩鸣.湖湘文化及其当代价值［J］.求索，2004（12）.

或许看得更清楚，即湖湘文化是对时代所需要的大事业感兴趣。眼下的大事业就是要转换经济发展方式，发挥文化产业的巨大力量推动我国经济转型。而广告业作为文化产业的重要支撑，理应担当起更大责任，有更高的视野和更高远的信念，以实事求是的精神经世致用，贡献国家与社会专业力量。从广告的科学性来说，实事求是就是广告的核心理念，与理性广告主张高度一致；从广告目标与效果来说，它所追求的就是要经世致用。

2. 浪漫灵泛，适性自然

如果说作为湖湘文化精髓的"经世致用，实事求是"属于理性主义偏向的话，"浪漫灵泛，适性自然"侧是湖湘文化的浓郁的非理性偏向。湖湘文化注重从个体生命活动出发进行"诗性追问"，从而将人类根本性的生命活动视作审美活动。湖湘文化具有其鲜明的地方特色。这种特色植根于湖湘大地独特的地理环境："水"。水是生命之源。水，不仅繁衍了生命，而且创造了文明，发展了文化。水，最为灵动，最富变化。湖湘文化是植根于水的灵性、水的变化的文化，也可以说是一种"水文化"，还有一个名词是享誉世界的"江南文化"。而且湖湘大地不仅有水，而且有山。如洞庭盆地周围，东有幕阜，西有武陵，南倚雪峰、（西）北望壶瓶……子曰："知（智）者乐水，仁者乐山。知者动，仁者静。知者乐，仁者寿。"（《论语·雍也》）湘人生活在这山水之间，既是"智者"，也是"仁者"，故能"动"、"静"结合，"乐"、"寿"兼得。这是"湖湘人"性格特征的基本点，也是湖湘文化特色的深厚土壤。① 在这种环境中成长的以我国第一位诗人屈原为代表的诗人群体创作了诗歌样式———"楚辞"，因其想象丰富，长于抒情，开创了我国诗歌史上浪漫主义的传统。所谓的"不到潇湘岂有诗"。又如，作为湖湘文化"霸蛮"、"火辣"特征的互补结构，灵泛、灵动与灵性的文化基因，在湖湘学派代表人物王船山思想里有深刻而丰富的表现。前人论船山有"字字楚骚心"（朱孝臧）、"于庄骚尤流连往复"（潘宗洛）等语。正是在悠长的湘楚文化源流中，孕育了富于诗性浪漫审美特征的湖湘文

---

① 施金琰，施瀚文. 论洞庭———湖湘文化［J］. 湖南师范大学社会科学学报，2003（4）.

化特色，大气磅礴又灵泛洒脱。① 而今这种特质已具有巨大的人文价值。这一特质，当代广告人亟需加以内化成职业素养，并将其演变成进行创意策划时所需的"看家本领"，这不仅能激发我们的广告创意思维，亦能与西方情感派广告主张对话与对接。

3. 开放包容，兼收并蓄

湖湘文化中蕴藏着一种博采众家的开放精神，可以说湖湘文化是各种不同文化相互交融的结果。从湖湘文化演变的过程看，它历经了历史上的三次大融合：南宋时期、理学思潮兴盛、湖湘学派崛起形成了古代湖湘文化；近代时期，历经西学东渐与经世之学的链接，古代湖湘文化转变成近代湖湘文化；新文化运动时期，马克思主义在中国传播，中国共产党的成立，湖湘文化的巨大社会效能得以充分发挥。从这三次文化大融合足以发现湖湘文化的开放包容，兼收并蓄特质。②

如果说，湖湘文化的"传道济民"、经世致用特质培育了湘人经天纬地之志的话，那其另一个重要特质兼收并蓄则培育了湘人广博学识和经天纬地的才能。湖湘文化的兼容性熔铸着湘人的博大胸怀、开拓着他们的广阔视野，使他们兼收并蓄，具有了治国平天下的卓绝才干。湖湘学派的创始人张栻，他主张盖君子于天下之事，无所不当究者。曾国藩在他老师欧阳厚均所提出的"有体有用"的基础上提出义理为体，经济为用，"精研百氏，体用赅备"，③ 凭借广博的学识成就了他的事业。毛泽东不仅精通历史、地理、诗词、书法、畅晓军事，而且主张读社会这本"无字天书"。可以说是马克思主义的真理和广博的学识使他成了伟大的无产阶级政治家、军事家、诗人、政论家和书法家，成为深受中国人民爱戴和尊敬的伟人。④

---

① 许定国. 灵泛洒脱美：船山美学湖湘文化基因互补现象解读 [J]. 船山学刊，2009 (4).

② 柯闻秀. 湖湘文化的三次大融合及其包容性特征的形成 [J]. 株洲师范高等专科学校学报，2006 (1).

③ 黎昌庶. 拙尊园从稿第 3 卷 [M]. 第 1 页，光绪十六年版.

④ 陈甲标. 湖湘文化兼容性特征的形成与影响 [J]. 湖南社会科学，2000 (6).

广告学作为一门交叉学科，其理论研究尤需开阔的视野，博采众家之长，努力寻找不同的视角，形成错落有致的理论关照。在广告创意思维方法角度看，开放包容，兼收并蓄的理念可直接导入到应用层面，与现有的头脑风暴法、"二旧化一新"等已广泛使用的方法对接。

4. 独特的忧乐求索观

湖湘文化又被视作是一种忧乐文化、求索文化。宋代政治家与文学家范仲淹《岳阳楼记》中有名句"先天下之忧而忧，后天下之乐而乐"，屈原代表作《离骚》中有名句"路漫漫其修远兮，吾将上下而求索"，这可成为湖湘文化独特的忧乐求索观的集中表达。这也是中国知识分子追求的最高境界，是中国知识分子富于社会责任感的最佳写照。这种价值观后又演化成，"心忧天下，敢为人先"。年轻的左宗棠曾写对联："身无半亩，心忧天下；读破万卷，神交古人。"青年毛泽东见此联后推崇备至，并将其改为"身无一文，心忧天下"，这八字现已成湖湘文化的永远的主题内涵。也鲜明地诠释着火辣辣的革命精神。有意思的是，今天实践湖湘文化理念的代表、湖南文化产业的代表湖南卫视主打的却是"快乐中国"牌，做的是"先天下之乐而乐"的事。但其领军人却认定他们所表现的"先天下之乐而乐"，与"先天下之忧而忧"并不矛盾，两者在精神上仍然相通。这种变通力值得我们深思。时势不同，忧乐各有不同的表现形式：饥寒交迫、风雨飘摇的时代，我们更多地需要先天下之忧而忧；殷实富足、快乐和谐的时代，我们理应"先天下之乐而乐"，及时为人们提供能够带来快乐的东西，用优秀的文化产品，满足人们精神层面的需求。这仍然是湖湘文化心忧天下敢为人先的精彩表现。① 从广告的视角来看，"心忧天下，敢为人先"应是广告人的职业操守与职业技能的真实而生动的写照。广告人的职业身份注定了他们从来都是要替天底下不同的广告主、替不同品牌与产品而殚精竭虑，还常常要敢为人先地拿出新创意，甚至可以说湖湘文化的这种特质正是广告界所追求的理念与操作技巧合一的理想境界。

总之，湖湘文化是一个多层次、多侧面、矛盾复杂、优劣共生的复合整体，

---

① 魏文彬. 湖湘文化与电视湘军［J］. 中国广播电视学刊，2007（7）.

简单地片面地强调其中的某一层面、某一侧面、某一内涵，不能真正认识湖湘文化进而深入其内核。只有将其置于宽广的社会历史与文化视野之中进行全面、综合、细致、深入的研究和分析，才能真正对其加以解构和诠释，抽象出积极进取的精神，抛弃保守落后的东西，才能找到湖湘文化与现代广告的契合点以促进当代广告理论研究的深化，并且争取超越时代与时空的限制从而具有永恒性。湖湘文化中这些涵盖着庙堂与江湖、精英与草根等各个层面、各个领域的文化精神和乡土记忆，无疑都是创新湖湘文化的宝贵精神内核。① 这也可成为广告理论研究吸取发展动力的不竭源泉。

当然，由于湖湘文化内容的庞杂性与内涵的丰富性，还有更多的视角与素材值得大力去整理与挖掘，如有专家指出，被世人誉为"潇湘洙泗"、"荆蛮邹鲁"的湖湘大地已产生了诸多"致广大而尽精微"的哲学思想体系，湖湘哲学所建构起来的精神气象，是一种宏大而超迈的既圣贤又豪杰的气象：学做圣贤，气吞豪杰，是故"立德与立功"并重，内圣与外王合一，"忧国忧民不忧私"。"湖湘哲学关注的问题涉及到政治、道德和人生终极关怀等各个方面，可谓穷天人之际，极古今之变。""湖湘精神者，简而言之，有独立自由之思想，坚强不磨之气节，笃行践履之志向的根性，充满原始野性生命张力的血性魂魄。""其激昂的爱国主义精神，忧民忧民的情怀；深厚的民本主义思想和朴素的人文主义关怀，以天下为己任的宏伟抱负和怀才不遇但壮心不已的进取心与责任感，其苍劲、雄浑和悲壮的基调，构成了湖湘文化的基本底色"……越来越多的精辟的阐释，让湖湘哲学的精髓光彩夺目。② 在某种程度上说，这种提升到哲学层面的思考也正是广告哲学所苦苦寻觅的理想境界。

三、新的广告理论框架建构

创意与创新已成为广告学区别于其他学科的显著特征，因而主动将创意思维运用到广告理论建构上亦是一种可行的研究路径。理论强调抽象与简化，结

---

① 万里. 湖南形象塑造与湖湘文化创新 [J]. 企业家天地，2009 (8).
② 王泽应. 湘江：一条流淌哲学的河流 [N]. 湖南日报，2011 – 5 – 14（理论版）.

合前文的分析，我们不妨尝试着做一做简化工作，将湖湘文化特质的"经世致用，实事求是"特质简化为一个字，不妨称之为"实"；同样，"浪漫灵泛，适性自然"简化为"适"字；"开放包容，兼收并蓄"简化为"容"字；"独特的忧乐求索观"简化为"观"字，再将的简化后的四字个联合起来时，我们发现一个有意思的现象是：创意理解"实"、"适"、"容"、"观"四个字迄今积淀的所有内涵有助于我们整合现有的广告理论与经验，并形一个整体上有密切逻辑联系的理念与操作技巧结合的广告范式。字面看可创意组词可理解成：实体适合容纳观念，反过来亦可理解成，凡是将观念合适地纳入到事物中的方法、过程与手段即是广告。因而广告可理解成是一个理念布置的路！而现代广告所有业务正是谋求解决如何将观念与实体链接起来。适与容无疑是很重要的方法与手段。广告也可理解成更进一步，"实"字可以放大成广告领域的"事实世界"；同样，"适"字可理解成"适然世界"；"容"字可理解成"有容世界"；"观"字可理解成"观念世界"。这样我们就拥有一个全新的建立在本土文化根基之上观照广告的视角，有了一个新的关于广告的定义，那就是：广告是"四个世界"的综合体，即事实世界；适然世界；有容世界；观念世界。

　　为了形象化表达，不妨称这一广告范式为锥形广告范式，并用最简化锥体的结构这四个层面（如下图）：

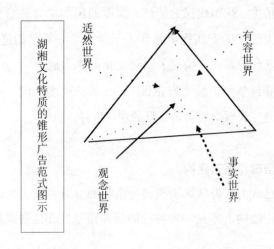

对于这一广告理论范式，我们可以这样解读，其他三个"世界"都须以

"事实世界"底座为基础，四个世界有较好地结构为一个整体才能更好发挥作用，这也与实际的广告运作相符；锥形下虽有底，却上不封顶，锋利无限。亦可创意联想到尖利锥子，寓意锥处囊中，须脱颖而出。在国家力推文化产业大背景下，现在正是广告界要锥出囊中的时候。

四、广告理论研究的未来展望

结合以上分析，我们以为，中国广告理论若要在未来寻求大的发展，首先，要在顶层设计上有新思路与大思路，要深入认识中国自己的广告理论的深刻意义与巨大价值。一个容易操作的方案就是导入湖湘文化核心理念，将本土广告理论的建构做为"大事业"来构筑，要以宽广而长远的视野，但这里不是说一提到宽广视野就是以国外发达国家的现实为靶子为目标参照，而是要有战略眼光，形成我们在学界与业界都能公认的具有较强生长性、较强启发性与解释力的我们自己的理论话语体系。其次，要大力引导与培养广告理论研究的生力军，要建立让社会上最优秀的人才愿意进入广告理论研究领域的机制。各级各类课题甚至专业学术杂志应有意识加大对本土广告理论研究的支持力度，充分调动研究人员的积极性。再次，要创新具体的研究方式。关键是要动手去扎扎实实地做，而不能只是在理论的外围老打转。如我们可以将品牌运作的方式导入到理论研究中来，从某种程度上看，湖湘文化之所以有生命力、精彩纷呈，与其对个人主张的品牌化包装不无关系，尽管当时人们没有品牌科学的观念。即将某些有较强生命力生长性或较大阐释力的核心概念与观点放大，自成一派，再传承发扬。远看山有色，近听水无声。要使丰富的多样的不同的主张的得以产生，这就需要我们有意识地拉开同现实的距离，只有距离拉开了才能形成全方位观察的角度，"横看成岭侧成峰，远近高低各不同"，特别是需要有条件的专业研究人员挖掘与选取不同的视角，不能老是借用别人手中的"手电筒"在一个位置看问题，造成"不识庐山真面目，只缘身在此山中"不利处境，只有这样才可能形成错落有致的标志性理论接连脱颖而出的繁荣景象。要充分发挥广告批评对理论评价与理论完善的促进作用，在理论得以被高效率传播的同时集聚高水平的反馈意见来不断提升与完善，从而形成核心概念接力、观点接力、理论接力，进行给力整个广告业。

第八章

文化产业规划批评

这几年在文化产业的发展大潮中，地方文化热兴起，一个突出的表现是全国各大媒体竞相关注以市县级区域为主体的李白故里、西门庆故里、赵云故里、二乔故里、貂蝉故里等名人故里之争，媒体的联动报道与评论，形成了众人关注的热门话题与并为各利益方带来强大的"眼球效应"与舆论效应，使得本来纯系学术和考古等研究领域的事项演变为利益攸关的政治与经济问题。纵观相关报道与评论，超越具体内容的是是非非，有许多深层问题也在这一事件中凸显出来，值得挖掘与研究。追溯这一系列关于争夺名人故里报道与评论的由头，或多或少都与当地的区域文化产业发展规划或规划项目的实施直接相关。可以预见的是这一事件并没有完结，而且将来还会有数不胜数的类似"官司"呈现在公众眼前。更不妨大胆预测，在国家已将文化产业发展确立国家级大战略正实施系列配套政策的大背景下，这一事件将或许意味着成为我国文化产业研究的重心从抽象宏大层面向微观实践层面纵深挺进的转折与拐点，其理论与实践呼唤着开启一个新的研究领域——文化产业规划批评。

一、批评的观念

俄国文学批评与文学理论的奠基人别林斯基曾指出："批评源于一个希腊字，意思是'做出判断'；因而在广义上说来，批评就是判断。"同样，"批评"一词，在俄文、英文、德文中，均有"裁判"、"判断"、"辨识"、"论定"之意。我国《辞海》对"批评"一词的解释是"对于事物加以剖解并评定其是非优劣也。就其所取之态度方法，可分印象批评、鉴赏批评、比较批评、解释批评等"。因而，不难理解，通常意义上的"批评"都烙有鲜明的主体性印记。更进一步，在当今语言即思想、媒介即信息的媒介化社会，一个主体的私人判断是什么固然重要，但如何表达判断成为更重要的问题。甚至我们可以说做出并表达判断应是批评的本质属性。尽管批评者在批评的视角和批评理念上大相径庭，但他们都有一个共同前提，那就是郁于对文本的私人理解、判断及媒介表达。正因为不同的批评家对同一文本有自己的理解、判断及媒介表达，才会产生我们经常所说的"误读"。"真正意义上的批评"，应该是批评者依据一定的观念（包含哲学观在内）与理论，对批评对象的理性观察、思考、判断、阐释以及必要的理论概括。没有理论深度和穿透力的批评是肤浅的和表面的，它只能是对局部事物和表面现象的再叙述。

值得一提的是，在批评过程中，话语权的形成非常重要，因而支撑话语内核的概念问题应予以充分重视。人的高贵之处在于人能创造与使用概念。一方面，概念是对事物的客观反映；另一方面，概念是主观对客观的投射。在哲学意义上，任何一种事物在自然界的存在都处在一种混沌状态，概念化可使其得以明晰。同时，概念是我们认识事物的基础，我们只有借助概念才能进行信息传播、思想交流和沟通，进而达成理解与共识。

再进一步，我们可以将批评观念放大，将批评活动视作一种力量，不断培育这种力量的积极影响力，如创造一种宽松的意见表达与争鸣环境，让批评者拥有积极开放的心态，允许、鼓励批评者创造出一些概念，赋予他们创造相关概念的特权。概念被创造出来，就算是一种误解概念，在其成为公众沟通的基础后，也会逐渐明晰化，仍然会产生批评带来的积极效应。这样会使得批评的概念视野变开阔，空间变深广，思维变活跃、多维和立体，总之使得批评者会拥有更多的话语自由。借助概念话语传播与相关舆论的影响力，批评可以是一种介入实践的力量，是一种关注，是一种新思维、是一种创造，是一种希望，一种促进，一种肯定与认同。

如以这样的批评观念为基础来反思、审视与前瞻我国各级各类文化产业规划，开掘文化产业规划批评研究领域在当前及今后都有着重要意义与价值及广阔的发展空间。

二、文化产业规划批评的内涵

检索相关文献，没有发现研究者使用过"文化产业规划批评"一词，故有必要对文化产业规划内涵加以界定。我们不妨将前面提及的批评观念导入文化产业研究之中，将文化产业规划批评理解为：批评者借助媒介通过公开表达的形式对文化产业规划内容与相关环节及其影响进行的判断与评价。

这一界定在以下几个方面须特别说明：

第一，批评者泛指发表意见的任何个人或集团，是批评信息的源头。2004年国家统计局界定的文化产业包含 145 个细分行业，尽管某些区域文化产业涉及的只是这些行业中的一部分，但因其有着广泛的波及面与长久影响力，涉及多方面利益，能引发不同身份与利益攸关方的关注，使用批评者概念是尽可能扩大批评主体的范围；

第二，不能简单狭隘地把文化产业规划批评仅仅视为是揭露、批判或恶意攻击，专事"鸡蛋里面挑骨头"。文化产业规划批评要讲求建设性，在看到存在的缺陷与问题并进行大胆的否定和拒斥的同时也需积极寻求解决与建设之道。这二者并不矛盾，而是统一在批评的活动之中。

第三，文化产业规划批评包括多个层面的内容，不仅表现在对文化产业规划的文本内容，诸如总体定位、规划目标、重点领域、重点项目及保障措施等方面的批评，而且还表现在对规划编制人员的构成、编制方式、具体项目实施方式、规划已形成的社会影响等相关因素的批评。

第四，作为一种复杂的精神活动，"判断"和"评价"必然有一定的价值标准和理论尺度。

第五，文化产业规划批评往往是借助互联网、报纸、杂志、广播、电视、书籍等大众媒介通过文字或语言形式公开传播意见的过程。

三、当今我国文化产业规划批评问题分析

文化产业规划批评作为一个研究领域提出来之后，一个紧随其后绕不过去的追问是当今我国文化产业规划批评的"真问题"到底在哪里，解决这些问题

有多大的价值与意义？或许就一个新辟的研究领域来说，文化产业规划批评概念的内涵、批评对象与范围、批评的任务等都是首当其冲、须着力解决的"大事"，但我们以为在当今以"实绩说话"的氛围里，正值"用人之秋"的节骨眼上，最要紧的是让文化产业规划批评真正成为"批判的武器"，并寻求到用武之地，成为实实在在影响文化经济建设、加速社会良性发展的利器与手段，亦即要理顺机制，让文化产业规划批评得以有交流汇聚融合的平台与渠道，真正发挥其功能，推进文化建设实践的进程，这才是当今我国文化产业规划批评的"真问题"。唯有文化产业规划批评能全方位动态地跟踪文化产业规划从编制到实施的全过程。它能让文化产业规划的编制与实施可以多方收集专家意见与民意，集中尽可能多的智慧，尽早发现其存在的缺陷与可能的风险，提早进行修正与风险防范。同时建设性文化产业规划批评客观上也能为文化产业规划及具体文化项目起到良好的传播、推介与吸引项目投资的作用。

目前，已在美国与欧洲高度繁荣的文化产业正挟新经济之势成为全世界的朝阳产业，在全世界范围内勃兴，同样，文化产业在我国也正迅速崛起。2009年我国发布《文化产业振兴规划》，标志着文化产业发展已经上升到国家战略层面，纳入国家的重要工作日程。而国家战略的实现要靠区域的具体实践来承载，相应地关于区域文化产业发展研究与实践正成为当前的热点研究领域，而科学且高水准的各级各类文化产业规划自然成为各级各部门贯彻国家意志、实现宏伟蓝图的第一步。因文化产业对许多人来说是一个新事物，很难有全面深入的认知，这也往往对我国的文化建设形成某种阻碍作用。在我们为地方政府编制文化产业规划的调研过程中，发现竟然许多相关部门的管理者对文化产业的认识都存在严重偏差，甚至坚持"文化产业规划没必要特别突出来，文化产业规划都一样，就那几句话，做不做意义不大"等诸如此类的观点。我们深感文化产业理论与优秀案例传播的缺乏已经严重阻碍文化产业实践的进程。尽管困难重重，但文化产业发展已成为势不可挡的滚滚潮流，成为各地新一轮区域竞争的制高点，而文化产业规划成为其引擎。文化产业规划作为文化产业发展的纲领性文件，其质量的高低，直接关系到文化产业政策的实施效果，关系到文化产业能否在区域和整个国家发展战略中发挥应有的作用。于是各地各级部门都号称要编制出最好的文化产业规划。但最好的文化产业规划是什么样子，谁才可以编制？没法回答。因为文化产业规划牵涉利益面太广，需调用的知识领域太多，而又影响长远。有研究者认为，一项正确的、准确的文化战略，它可以在一两千年里有效；一项正确的竞争战略可以在一二十年里有效；一项正确的策略则可能在一两年里有效，而一个点子（纯粹点子）则在一两个月里有效。尽管这种论断有值得商榷的地方，但其对文化战略重要性的强调并不过分，值得予以高度重视。在我们看来除了要突出科学性、前瞻性、可操作性等特点外，文化产业规划切合当地实际的创意显得非常重要。但文化产业规划有创意地与地方实践怎么样结合起来是件颇具难度而又费力不讨好并且风险性很高的事情，政府做不到很细，更不愿承担风险，哪个部门都不愿独力去干有很大风险的事情，实体企业更不愿意去做。所以只有依赖专业研究机构与相关领域的专家。但这种以只有委托关系的第三方为主导的文化产业规划编制模式表面上顺利解决了规划编制的操作性难题，但并不能保证这种模式一定能做出高水准的规划，而且规划编制完成后，很多临时组建的规划团队往往在规划编制评审通过后解散不复存在，规划实施与他们已不再有直接利益关联，责任泛化到谁都可以不负责任，故以评审通过为目标成为很多规划团队的现实选择。在这种机制之下，文化产业规划批评能有效地暴露出规划各环节的各方面问题，形成一种强势介入的力量，保障文化产业规划与实施沿着科学合理的轨道运行。但当前一个显见的事实是，这种批评的机制与力量还很弱小，还没有真正发挥其作用。

回到前文提及的各地方对名人故里的争夺问题，我们之所以将这一事件判断为我国文化产业研究的重心从抽象宏大层面向微观实践层面纵深挺进的转折与拐点，是因为这一事件透射出当前我国文化产业发展的许多深层问题。首先，这一事件透射出文化产业发展竞争最激烈的地方是区县级，这或许与区县是我国区域竞争的"主战场"有关。而现实是很多区县连做文化产业规划的专门经费都不愿拿出或根本拿不出。可以预见，将来省管县制度全面实行后，区县级更会加剧。从这一事件中出现的同省的几个县争抢一个名人故里称号的现象已可窥见端倪。因为显见的好项目都被更上级"收"上去调用更多资源主管运营。很多区县级手上现成的文化资源往往很有限，激烈竞争不可避免。在这种大势之下，往往也是文化创意产业大显身手的地方，地方政府的这种我们姑且将之称之"走进本土文化、创意本土文化"、将点无限放大的总体思路有值得肯定的地方，如安徽潜山、浙江义乌均以最快速度分别向国家工商总局申请"二乔故里"的商标。安徽潜山的城市名片是"皖国故都、安徽之源、二乔故里、禅宗之地、京剧之祖、黄梅之乡"，其中"二乔故里"的含金量最大。可以说这种新的县域发展战略规划或者说以文化为主导的概念性规划，给传统的区域发展方式带来了新的思想和新的理念。随着我国社会经济体制的转型，随着中国城市化步伐的加快，以单一"土地使用功能"和以"基础设施建设"为主导的传统城市规划方法越来越不适应城市化发展的需要了。由于传统城市规划方法的模式僵化和理论滞后，传统城市规划理念与实际中的具体问题相互脱节，导致中国城市目标趋同、功能重复、产业同构、形象单一。而这种新的思想和新的理念有助于克服"千城一面"、"特色危机问题"及功能与结构混乱问题。但遗憾的是，纵观这一事件的诸多评论，指责式的批评较多，深度建设性的批评太少。其次，这一事件反映出地方政府对地方文化产业规划重视的力度不够（有的市县还从未做过文化产业规划），对文化产业规划批评产生的舆论价值开发不够。如果有些县市能借舆论关注的机会，将当地的高水准的文化产业规划与更多的规划项目加以推介，会将千载难逢的舆论效应转化经济价值，并因此收集到区域发展的诸多宝贵意见与建议，触摸到广大消费者的文化消费心理与脉搏。第三，这一事件中出现的一些批评观点如以批判的态度来审慎对待，有助于我们加深对文化产业的理论认识并广泛而深刻地影响实践进程。如"一些地方政府不是从长远、从大局着眼去决策文化产业的发展，把握文化产业的发展方向，而是一切从经济效益出发，争名人、编神话、造古迹，把传说当成实事，把神话当成典故，穿凿附会，弄得假古迹、伪传说四处流行。一个历史名人，多个出生地；一段古代传说，多个发生地；一场古战争，多个古战场，许多地方为名人（哪怕是恶名）出生地等打得不可开交，让公众难辨真伪。"这种观点表面看似乎很有道理，但实际上值得好好斟酌，就文化产业发展来说，文化的指纹并非极端重要，文化资源利用可以无国界也可以无地界，要看谁能以创意与市场的手段赢得消费者。如历史文化资源贫乏的美国依靠"海纳百川、兼收并蓄、取其精华"的方式,借用中国历史文化题材和历史文化资源,创造出《花木兰》《功夫熊猫》等电影大片,照样在中国很卖座,照样把美国的价值传播到中国。

四、文化产业规划批评崛起的可能路径

1. 普及文化产业相关理论与知识。

人们一般只愿意或只敢于就切身利益或感兴趣与熟悉的事情表达诉求、发表批评意见。因而有关文化产业知识的普及是文化产业规划批评得以受到关注的前提。这些年经过广大研究者的努力,我国已经形成了较成体系的尤其是宏观层面的文化产业理论与知识,但这些知识的普及程度还比较低,甚至许多相关的管理者对文化产业的内涵都不甚了解。鉴于文化产业的对于国家发展的全局性影响和对于任一个体的多方面影响,全国范围内的高校都应像重视人文素质课程一样,将文化产业课程列为每个大学生的必修课程之一,从而广泛传播文化产业相关知识,提高广大社会中坚力量的文化产业知识储备与文化创意能力;高校与相关管理部门或机构应经常联合开办文化产业领域学习班或研讨会,优化各级管理者的相关知识结构,提高其理论素养;有关部门应支持鼓励出版各种文化产业研究书籍或研究报告,这些支持会无形中激起批评者对文化产业规划尤其是当地规划批评的兴趣。

2. 将文化产业规划的编制与实施过程形成开放的体系,借助批评的力量挖掘与实现文化产业规划的多重功能。

在文化产业规划编制前,相关主管部门应提前发布文化产业研究课题,鼓励相关研究领域的研究者进行研究。注意分析文化产业的基本面和竞争力,认真做好基础调查、信息搜集、课题研究以及纳入规划重大项目的论证等前期工作,及时与有关方面进行沟通协调。

文化产业规划在编制过程中应充分汲取政府部门领导、企业代表、经济团体、外来投资者、文化产业研究人员等不同的利益群体的意见。可采用政府座谈会、焦点访谈、入企(入户)访问、社会问卷调查、产业发展协调会议等方式,提高社会公众参与度。规划过程的每一环节都重视顾问、参谋、思想库、咨询团、智囊团的批评意见,集思广益。

此外，应充分利用规划作为蓝图的引领与招商引资作用，作为新闻信息的宣传作用，作为创意的汇聚平台作用，作为话题的传播效应，当不同层面的作用都能引来批评关注的时候，规划便会承担起更多的功能，发挥更大的效应，但同时对批评的管理也需要有充分的准备与应对技巧。

3. 建立文化产业规划批评激励机制与专业研究平台。

只有良好而持续的激励机制才能使文化产业规划批评作为一种强大力量持续存在并起作用。如可设立高规格的国家与省级文化产业规划奖，将奖项评奖细则向社会公布，从而大范围吸引公众对规划的关注与研究，起到示范效应。亦可外创办纯粹文化产业批评类研究刊物与网络平台，动态地持续跟踪比较国家与地方的文化产业规划实施与执行情况。另外，应积极发挥专业研究学院、研究部门、研究基地、行业协会等集团的研究力量。

本章参考文献：

1. 张羽. 对媒介批评若干基本问题的再思考 [J]. 今传媒，2006（10）.

2. 顾江. 文化产业规划案例精析 [M]. 东南大学出版社，2008.

3. 邹广文，任丽梅. 科学发展观与中国文化产业实践 [M]. 北京：中央编译出版社，2009.

4. 陈伯君. 中国文化产业振兴之路 [M]. 中央编译出版社，2009.

5. 付宝华. 文化、城市文化与城市主题文化辨析 [M]. 中国文化报，2008 - 04 - 08.

6. 蔡尚伟，刘锐. 关于"十二五"文化产业规划编制若干问题的思考 [R/OL]. 中国文化产业网，www.cnel.net.cn（2009 - 6 - 28）.

第九章

两型社会理念与区域文化产业发展

　　2007 年 12 月 14 日，武汉城市圈与长株潭城市群正式获批成为"全国资源节约型和环境友好型社会建设综合配套改革试验区"（全国资源节约型和环境友好型社会简称"两型社会"）。2009 年 7 月 22 日，国务院常务会议通过了《文化产业振兴规划》，这是继纺织、轻工等规划之后的第十一大产业振兴规划。国家将重点推进的文化产业包括：文化创意、影视制作、出版发行、印刷复制、广告、演艺娱乐、文化会展、数字内容和动漫等。虽然"两型社会""文化产业"这两个概念被强力推出的时间间隔接近两年，但二者却有着内在的逻辑一致性，其背后所隐含的社会发展理念和发展模式的转型折射着近年来我国传统经济发展模式面临着巨大挑战，因而这两个概念一经推出，很快成为社会经济领域关注的焦点。目前，两湖地区的学者正特别关注"两型社会"试验区建设的目标、战略、路径等问题。但是，不论是文化产业研究还是"两型社会"研究，现有大部分成果大都停留经济社会领域，较少涉及"两型社会"建设和文化产业发展之间的关系问题。[①] 本文拟结合"两型社会"试验区理念，就湖南文化产业在"两型社会"建设中的作用问题进行探讨。

一、"两型社会"理念解析

　　在党的十七大之后，武汉城市圈和长株潭城市群被国家确定为拥有赋予先

[①] 傅才武. 建设"两型社会"发挥文化产业特殊作用 [J]. 中国地质大学学报（社会科学版），2009（4）.

行先试政策创新权的"两型社会"试验区。这无疑与集工业、能源、农业和交通优势于一体的武汉城市圈和长株潭城市群具有很高的试验价值密切关联，以"两型社会"试验为突破口，将全面提高两大城市圈的整体素质。长株潭城市群位于湖南省东北部，湖北、湖南均以湖泊众多闻名，东湖、梁子湖、洪湖以及大别山地区是武汉城市圈两大生态板块，环洞庭湖地区和湘西地区是长株潭城市群两大生态板块，两地共有近900公里的长江防洪堤。长株潭城市群南北之间以及武汉与周边城市之间存在着显著的经济发展结构差异，东西之间存在着明显的经济发展梯度差。

如何按主体功能区要求，根据资源环境承载条件，进行科学合理开发、综合利用、集约使用资源，如何把中心城市发展同周边城市腹地开发与保护生态结合起来，如何统筹城乡发展逐步实现区域公共服务均等化，从而破解城乡二元结构矛盾，既是武汉城市圈和长株潭城市群需要及时面对、寻求突破性破解的重大问题，也是湖北、湖南两省乃至中部地区和全国其他区域需要共同探索的重大问题。当前，以下四个理念凸显出来：

一是重视规划。武汉城市圈、长株潭城市群均根据区域发展现状、发展要求及承载能力，按主体功能区要求划分禁止开发、限制开发、远景开发、规划期内可建设和已建成五类区域进行有序开发，按优化开发区、重点开发区、限制开发区和禁止开发区进行分类管理。

二是强调集约。如长株潭摒弃了传统的摊大饼模式，按照紧凑布局、生态隔离的组团式、友好型、集约化发展的新理念，将核心区规划为以长沙为主，株洲、湘潭为副，相关地区保留大片绿地的"一主两副环绿心"结构，构成组团特色鲜明、内在联系紧密的大都市区。

三是追求和谐。按照城乡统筹、人地协调的和谐理念，突出了城市生态和城市环保，提出了一套高品质人居环境建设的指标体系。

四是加大节能减排力度。武汉、株洲等均属传统老工业基地，产业结构偏重，节能减排压力大、任务重，工作比一般城市更难，也因此更具试验价值。

温家宝总理在政府工作报告中提出，"要在全社会大力倡导节约、环保、文明的生产方式和消费模式，让节约资源、保护环境成为每个企业、村庄、单位和每个社会成员的自觉行动，努力建设资源节约型和环境友好型社会。"也就是说，经济的发展不能以牺牲环境为代价，必须建立在优化结构、提高效益、降低消耗和保护环境的基础之上。那么这样的"综改区"，也就是以节能降耗、保护环境为核心要素的改革试验区。

与发达国家相比，中国资源利用的效率依然十分低下。据统计，中国的GDP占全球4%，而煤、铁、铝等的消耗占世界的30%以上。而近年来，在我国经济高速发展的同时，带给地方环境的压力相当大。加快建设资源节约型、环境友好型社会是在十六届五中全会提出的，是从我国国情出发提出的一项重大决策。

随着经济的发展，资源的约束越来越突出，在这种情况下，为了保证经济"又好又快"的发展，我们国家经济结构要面临转型，即从过去那种"高投入、高能耗、高污染、低产出"的模式向"低投入、低能耗、低污染、高产出"转变。中部地区作为国家重要的能源产出地区，资源消耗和环境污染问题在全国来说显得更加突出，在这种情况下，国家在中部的改革试验区提出"两型社会"建设目标，是一种具有全局意义的战略考虑。两个中部试验区的获批，将成为"两型社会"的重要示范基地和产业结构调整的一个重要的突破口。

二、湖南文化产业的历史与现状

进入21世纪，伴随中国经济的崛起，中国文化生产力破壳而出，其巨大能量使"中国元素"成为全球文化市场中最活跃的板块。据联合国教科文组织统计，我国已经成为世界第三大核心文化产品出口国，仅位于美英之后。

文化产业在全世界范围内的兴盛是知识经济的浪潮中的新亮点，它不仅是衡量综合国力的重要尺度，而且凭其强大的影响力作用于社会经济生活、政治生活和精神生活等各个方面，成为各国普遍的战略性产业选择。湖南是一个文化资源大省，悠久的历史造就了深厚的文化底蕴，湖南具备发展文化产业所需要的雄厚的历史和现实基础湖南，担当着中国文化复兴中不可忽视的重要角色。在这波文化复兴的大潮中，在文化产业发展的大舞台上，地处中部的湖南以强劲的鼓点、先锋的舞姿惊艳全场。如果将时间回溯得更远，我们可以发现，人称"南蛮之地"而文化底蕴深厚的湖南，其实拥有强大的文化传播驱动力。中国文化发展历史上那些以"潇湘"标记的文化品牌，华美篇章，令人神往。如发全国报业先声的《湘报》、将鲜艳的隆回滩头年画散布到全中国的街头巷尾闻名天下的"宝庆书市"、铜官窑、美乐，美食，华艳的漆画，精美的玉衣、中华文化的源头之一湖湘文化等等。

据最新统计资料，湖南文化产业对全省经济增长的贡献率为 6.5%，拉动GDP 增长 0.9 个百分点，连续 5 年保持 20% 以上的增速。文化产业占 GDP 的比重由 2000 年的 2.4%，提高到 2017 年的 6.35%，是全国五个文化产业占 GDP比重超过 5% 的省份之一，在中部地区排名第一。湖南文化产业增加值跨越千亿元大关，文化综合实力跃居全国第八，正式进入中国文化产业发展的第一军团。据预测，到 2015 年，湖南文化产业增加值将达 2196 亿元。

总体来看，湖南文化产业已然形成了一条有着鲜明特色的发展道路，创造了"湖南文化现象""广电湘军""出版湘军""动漫湘军"全国知名：湖南卫视收视率一直位居全国省级卫视第一；湖南出版成为了中国地方出版实力三强之一；湖南原创动漫总产量连续排名全国第一。

同时，湖南文化产业百花齐放，广电、出版、报业、动漫、演出、娱乐等已形成优势，数字媒体、电视购物、手机报、网络等新兴业态悄然崛起，创造了红网、湖南在线、华声在线、星辰在线、女性在线、金鹰网等有影响的品牌。

现今，湖南已按区域特点确立了"一区（长沙）三带（京广线、潇湘流域、大湘西）四轮驱动（广电、出版、报业、娱乐）两翼齐飞（旅游、会展）"的文化产业战略布局。构成了全省文化产业各具特色又相互呼应；产业集群化又遍地开花的空间格局。

三、"两型社会"理念与湖南文化产业发展深度结合的可能性分析

（一）"两型社会"理念与文化产业发展相辅相成

"两型社会"理念的实践要求"资源的效率革命"，既要节约和高效利用自然资源特别是不可再生的资源，又要在不断提高人民群众小康生活水平的前提下，尽量减少不必要的资源消耗和浪费，切实降低物质资源消耗的增长速度，努力追求更少资源消耗、更低环境污染、更大经济效益和社会效益，实现社会

的可持续发展。

"两型社会"发展战略要求配套实施产业布局的结构性调整,尽量降低第一、第二产业的比重,发展现代服务业,提高服务业比重。这就要求从政策制度层面上抑制资源消耗过大、效益不高、对环境不友好的产业门类,鼓励发展资源节约型产业和环境友好型产业。而文化产业正好具备这类产业属性。

"两型社会"理念蕴涵了后现代社会对于社会发展内涵的更加深入的理解,体现了对传统工业化发展模式的超越,符合社会发展到较先进阶段的总体性趋势。同样,文化产业的发展模式较之传统的产业发展模式,具有明显的变化:促使经济社会发展的基础由依靠物质、生态、环境等不可再生性资源向依靠知识、技术、智力等可再生性资源的转变;促使经济增长方式由资源消耗、环境损耗向资源节约、环境友好转变;促使经济形态从工业经济向信息经济、创意经济、娱乐经济、流量经济等知识经济转变。

文化产业的创造——生产——再生产模式和快速规模化发展代表了经济社会发展的高级形态。"两型社会"建设与文化产业战略的确立,共同体现了我国社会经济发展进程对社会发展理念、国家发展模式转型的时代要求。文化产业是国家或区域产业结构调整和经济增长的主要引擎之一,在国家或区域规划研究和制定上,将文化产业作为"两型社会"建设优先发展的产业类型,提高文化产业在国家发展战略规划布局中的地位。①

(二)"两型社会"建设与文化产业发展能形成 1 + 1 大于 2 的裂变效应

"两型社会"建设和文化产业的作用以及对社会经济建设的贡献不只是二者之和,而且能产生 1 + 1 大于 2 的裂变效应。

"两型社会"建设和文化产业的发展包含了重建国家可持续发展模式的战略理念。传统发展模式必然导致以下两个后果:一是人对自然的过度掠夺导致人与自然之间的失调,生态环境日渐脆弱,环境恶化的趋势难以有效抑制,使社会发展日益丧失资源环境承载力;二是基于资源环境之上的工业化发展模式导

---

① 傅才武. 建设"两型社会"发挥文化产业特殊作用 [J]. 中国地质大学学报(社会科学版),2009 (4).

致了人与社会关系的紧张。个体对自然环境的非道德行为，已不仅是对其他个体或群体的不道德，其间严重的资源与环境矛盾，已然导致了人与人之间、代与代之间的伦理紧张。

经济学理论认为，一般性物质产品消费要遵循"边际效用递减"的规律，在一定时期内消费者对某种物质商品的消费，随着消费数量的不断增加而边际效用呈不断递减的趋势。而文化创意资源具有不可耗尽以及可不断复制的特点，并且好的创意所形成的社会价值大到难以估量，具有自我增值的特性，文化产品通过共用共享、重复使用、低成本复制，在消费主体的多次不同体验中实现"价值增值"。因此，文化产业具有环境友好、资源节约、可持续发展的特征，可以为国家可持续发展战略提供产业支撑。

文化产业是区域环境友好型产业体系的重要组成部分，文化产业位居价值链的高端，是可持续发展的新兴产业。作为社会发展路径，蕴涵有三个层面：从发展层面上说，文化产业代表了继粗放式发展阶段之后的新型发展阶段；从经济层面上说，文化产业体现了继农业经济、工业经济、商品经济之后的新型经济类型或经济发展模式；从文化层面上说，文化产业代表了传统的文化事业和更为复杂的文化建设模式。

从外向增长模式到内生增长模式的转型。在国际产业转移的大背景下，由于固有的后发劣势，中国的外向型发展模式往往要依靠大规模的资源开发。统计显示，中国经济成长的 GDP 中，至少有 18% 是依靠资源和生态环境的"透支"获得。

"两型社会"建设战略的实施，从国家战略层面提出了发展模式转型的内在要求。在促进社会经济发展模式转型的过程中，文化产业通过对其他产业的渗透促进产业融合，形成内源性的发展动力。

文化产业借助于转换功能，促进社会资源逐步从传统产业流入现代服务行业，从而促进传统产业的结构调整，进而提升工业、服务业的文化含量与经济价值，实现经济结构的自我演进和扩张。文化创新和创意因素渗透于传统产业，能够实现对传统产业的结构优化和提升。①

如此看来，文化产业的属性能在"两型社会"建设过程中得以充分发挥其积极功能，起到远远超越自身发展的作用，能强力拉动其他产业健康发展，推动社会经济的结构优化与转型，形成经济效益与社会效益"双赢"的局面，从而形成 $1+1>2$ 的裂变效应。

四、湖南文化产业发展的对策

在"两型社会"建设视野多度审视文化产业发展，有助我们在更高的层面深入理解发展湖南文化产业的战略意义与价值，从而努力寻求湖南文化产业跨越式发展的解决之道。

发展文化产业本身需要体制、机制、制度和政策多方面的支持，文化产业的核心是创意，其基本特征是高回报、高风险和高流动性。因此，必须积极创造有利条件大力发展文化产业，推动政府的职能转变和产业化运作，深化体制改革，打破阻碍不同资源流动和整合的各种条条框框，创新体制、更新机制，建立以"政府主导、学术领头、基金支持、部门协作、企业操作"为原则的"官产学研一体化"的"文化产业科学发展模式"，从法律和制度上营造有利于文化产业发展的市场环境，保障文化产业功能的顺利实现。

湖南文化产业发展水平虽在整体上居于全国前列，但仍存在集聚程度不高、规模经济不明显、畸形聚集、产业布局不平衡等问题。通过深入研究分析湖南文化产业实际，可以发现湖南文化产业仍有很大发展潜力。湖南应从以下方面加大发展力度②：

（1）加强对文化产业属性的深入认识。只有认识上去了，才能动员各种力量投入到文化产业的建设中来。因而需要支持对文化产业的基础理论研究，动员相关人员尤其是文化产业的相关核心管理人员要加强对文化产业的理论素养。

---

① 傅才武. 建设"两型社会"发挥文化产业特殊作用［N］. 中国地质大学学报（社会科学版），2009（4）.
② 罗能生，林志强，谢里. 湖南文化产业结构优化研究［J］. 财经理论与实践，2009（5）.

（2）加大文化产业中科技创新的力度，提高文化产品的科技含量，尊重市场经济运行规律，营建大型文化集团，加强品牌意识实践，强化品牌影响力，改善文化产业市场结构，提高湖南文化产业的市场竞争力。

（3）加快湖南文化产业体制改革，引入外资与民间资本，拓展文化产业投资主体，鼓励打破地区、部门分割和垄断，促进资本、人才、技术等要素的合理配置，优化文化产业区域布局。

（4）实施文化产业人才战略。文化产业专业人才的是文化产业发展的稀缺资源。政府应提供良好条件以培养和引进优秀文化产业人才，为文化产业发展提供丰富人力资源，营造宽松国际环境，为文化产业顺利走出去保驾护航。

本章参考文献：

1. 罗能生，林志强，谢里. 湖南文化产业结构优化研究［J］. 财经理论与实践，2009，（5）.

2. 李倩. 湖南文化产业跨越式发展的战略思考［J］. 企业家天地下半月刊（理论版），2009，（6）.

3. 罗蕾. 湖南文化产业发展现状与对策［J］. 经济地理，2009，（1）.

4. 易笑. 借鉴国际经验谋划湖南文化产业发展［J］. 新湘评论，2009，（2）.

5. 石凤妍，贾永清，武鸿儒，辛广伟. 湖南大力进行文化创新、发展文化产业的启示［J］. 理论前沿，2009，（1）.

6. 赵琼，刘伟辉. 湖南发展文化产业的问题及对策研究［J］. 商场现代化，2008，（35）.

7. 肖琴. 湖南文化产业发展态势分析［J］. 湖南城市学院学报，2008，（6）.

8. 李倩. 湖南文化产业跨越发展的战略思考［J］. 企业家天地下半月刊（理论版），2009，（6）.

9. 傅才武. 建设"两型社会"发挥文化产业特殊作用［N］. 中国地质大学学报（社会科学版），2009，（4）.

第十章

城市营销

　　有着 2500 多年历史的岳阳系端午源头，龙舟故里，熔铸着中国第一位诗人屈原（亦是世界四大文化名人之一）的伟大魂灵，因传世名篇《岳阳楼记》而闻名天下，居于一湖两原三省四水五线的多元交汇点上，是长江中游仅次于武汉的又一个"金十字架"。岳阳城陵矶港早在清朝时期就是湖南对外开放设立海关的唯一口岸，现为湖南对外开放的唯一国家一类口岸。一直以来，岳阳都是湖南省第二城，湖南第一地级市，湖南省综合实力最强的地级市，中部十强城市之一。称得上中部地区名副其实的资源城市，是一个富、优、美的地方。因其资源丰富，在湖南老百姓和官员眼中，岳阳一直被视作湖南的"龙头城市"。但近年来，随着长株潭核心城市践行"两型社会"、"弯道超车"等理念，迅速崛起，反衬出岳阳的发展速度越来越慢，岳阳发展相对而言进入一个瓶颈期。因而寻求与践行超常规的战略发展方式，成为岳阳决胜未来的重量级命题。检视分析岳阳既有丰富资源与国情及世界大环境，可窥见岳阳发展文化产业大有可为，可以区域主题文化为突破口，推动岳阳的资源重新整合，产业结构的转型升级，担当优势产业链条的链主，实现跨越式发展，促使岳阳资源禀赋蝶变岳阳。

　　一、背景与理念

　　今年国家在政府工作报告中将文化建设提到了前所未有的高度，作为文化建设的重要组成部分的文化产业迎来了巨大的发展机遇。因而充分地、清晰地认识文化产业在整个文化建设中的地位和作用，成为重要前提。政府工作报告强调国家发展、民族振兴，不仅需要强大的经济力量，更需要强大的文化力量。文化是一个民族的精神和灵魂，是一个民族真正有力量的决定性因素，可以深刻影响一个国家发展的进程，改变一个民族的命运。没有先进文化的发展，没有全民族文明素质的提高，就不可能真正实现现代化，这可视作文化主体地位的回归强烈信号。

文化产业已成为现代城市综合实力的重要标志，文化产业不仅直接贡献经济增长，而且能在满足城市居民文化需求的同时，为城市发展提供精神动力、智力支持，推动社会和谐与进步。发达的文化产业还有助于形成城市的特色，扩大城市的影响。城市的特色及影响将构成城市形象的重要组成部分，使城市在区域经济竞争中处于有利的地位。

三十年来，追求经济增长在我国一直是最主要的发展诉求。在这个过程中，文化应有的主体地位或者被削弱，或者被边缘化。同样，在文化产业的发展过程中，这种削弱和边缘化也在发生着。实际上，发展文化产业应当而且也必须是文化建设的一个重要组成部分，是实现文化建设目标的重要手段。因此，尊重文化的主体地位将是未来发展文化产业的基础和灵魂。

具体到城市与区域，片面追求 GDP 的结果之一是当下作为区域中心的中国城市普遍缺乏自己的特色，而且城乡发展极不平衡，以全十城市风貌"千城一面"，乡村面貌永远不变。

在中国区域发展、城市发展、城乡统筹发展中如何发挥文化的作用，并且要运用当地文化资源、挖掘体现当地文化特色来破解上述难题，成为当前极具研究与实践价值的课题。

我们认为可以像经营产品与品牌一样通过"整体经营"的方式来发展中国区域与城市，以城市为核心，统筹城乡，同步发展。中国城市最重要的是要找到自己与其他城市不一样的地方。文化产业可在其中起到极为关键的作用。

为此，我们提出了"区域主题文化"这一新概念。此概念超越"城市主题文化"概念，更具包孕性，指根据区域特质资源提炼与发展出的能够建构与承载区域形象与精神的特质文化。区域主题文化的实践是一项极其复杂的系统工程，可将区域的主题定位作为切入点，依照原创性、特质性和系统性原则，找到区域的主题和灵魂。没有主题的区域难以形成个性化的竞争优势与差异化的发展战略，很难做到可持续发展。主题定位确定后即可践行"一意多行"（特指围绕一个意念主题展开的各种行动）的理念，通过文化产品与项目或工程、旅游资源、文化景观与建筑、城市品牌营销与推广等多种手段系统地建构、传播、强化区域主题文化，形成本区域的核心竞争力，实现别人无法复制的差异化发展。将区域主题文化上升到战略高度需要在全球化的国际视野和包括网络技术在内的高新技术日新月异的时代视野层面，建立起区域文化产业和区域文化资源禀赋和区域经济发展之间崭新的逻辑关系。区域主题文化战略的实施能够以较低的成本将区域内的城市资源与乡村资源统筹发展，取得巨大的社会与经济收益，因为在规划编制过程中已经将乡村作为整体发展中的一个重要环节合理布局进去，而不是仅仅局限于城市。

二、战略定位与根由分析

（一）战略定位：世界江南 灵感之源

在全国全省都在大力倡导发展文化产业大环境下，岳阳发展文化产业的总体战略须抢占"世界江南、灵感之源"的区域主题文化定位制高点，跳出狭隘的"小文化"概念，创新思维，超常规发展，整合历史、文化、旅游、科技等各方面资源，加大投入与政策支持力度，以总体战略定位统摄旅游、休闲、娱乐、文化产品制造等各行业的开发，拉动区域大发展。可将岳阳文化产业定位为岳阳市新兴支柱产业，从而将岳阳市发展成为全国特色文化产业发展示范基地、湖南省文化产业强市与第二大文化创意中心。

（二）根由分析

1. 基于岳阳本地区域历史文化地理等资源禀赋

（1）从历史文化层面看，岳阳有着悠久的历史、灿烂的文化，端午节、龙舟文化发源于此。岳阳距今已有2500多年的历史，系楚越文化的交汇点，是湖湘文化的摇篮，中华民族文化的发源地之一，全国第三批历史文化名城之一。

研究资料表明，岳阳在20万年前的旧石器时代就有原始人类活动。9000年左右的新石器时代早期，就进入了定居的农耕文化时期，且出现了人工培植稻。

随之，磨制石器、渔猎文化、建筑文化、陶文化、玉文化、纺织文化等也日益兴盛。汉唐以来，岳阳的瓷文化、茶文化、酒文化等，又有了长足的发展。

岳阳自古就是文化胜地。百代辞章之祖、中国文学之父屈原，在岳阳创作了震烁千古的《离骚》《九歌》等伟大的作品，并于此投江殉国。古往今来，迁客骚人无不为洞庭湖的浩瀚气势所倾倒，千古名楼岳阳楼则令无数文人墨客折腰。无数文人巨卿在岳阳留下了无以数计的千古华章，光争日月。著名诗人颜廷之、李白、杜甫、白居易、刘禹锡、元稹、李商隐、王昌龄、欧阳修、陆游、范仲淹、苏轼等历代名流以洞庭水为墨，以楚天风光为景，借景抒怀、诗词歌赋、箴言警句，字字珠玑，为后人所传颂。由此，岳阳不仅成为中华大地蓝墨水的上游，而且成为升华民族精神的胜地。岳阳的诗文、楹联有近20篇进入教材，3次进入高考试题。屈赋被翻译成多国文字，流播海外；《岳阳楼记》还选入了日本等国的中学教材。

岳阳作为一座历史悠久的城市，繁荣的古代文化特别是楚文化如戏曲文化、饮食文化、宗教文化，赋予了岳阳深厚的文化内涵。岳阳的传统戏曲，如巴陵戏、岳阳花鼓戏等，特色鲜明，地方气息浓厚，深受群众喜爱。岳阳的一些富有地方风味的小吃和土特产，以及手工艺品，特别是一些老字号都享有盛誉，如巴陵全鱼席、银针茶、银鱼、龟蛇酒、兰花萝卜、岳州瓷、岳州扇等。龙舟竞渡是岳阳人民祭奠伟大爱国诗人屈原而举行的民俗活动，这项遍及"潇湘"的习俗，经久不衰，并逐步辐射到神州大地，走向世界。总体来看，以湖乡文化为代表的水文化、屈原文化、三国文化、龙舟文化、鱼文化、红色旅游文化等区域特色文化独具特色，影响深远。

岳阳文化不仅影响全国，而且辐射到全世界。因此，岳阳历史文化资源厚重广博，不仅仅属于岳阳，而是属于全世界，有着巨大开发潜力，岳阳历史文化的开发，要面向全国、面向世界、面向未来！

（2）从地理区域层面看，岳阳，古称巴陵，又名岳州和纯州，位于湖南省东北部，系湖南第二城、湖南第一地级市、中部十强，是湘北的政治、经济、文化、交通中心和旅游胜地，是一个富（资源丰富）、优（区位优越）、美（风景优美）的地方。

　　岳阳古称"通衢"，"北通巫峡、南极潇湘"，交通运输条件十分优越。岳阳地处中国第三大湖－洞庭湖滨，占据洞庭湖 70% 的水域，北临长江，水陆交通便利，河湖众多，丘陵起伏，素有"湘北门户"之称。岳阳城区内有 6 大内湖：南湖、东风湖、吉家湖、芭蕉湖、松阳湖、白泥湖，水域总面积为 62.5 平方公里，岳阳市所辖县市内也有众多湖泊山塘，如乌江、团湖等，而且低山丘陵众多，形成以内河湖泊水景为主，系列岗丘轮廓楔入的多组团山、水、城相间的总体空间布局。今天的岳阳是湖南唯一的临长江城市。地处一湖（洞庭湖）两原（江汉平原、洞庭湖平原）三省（湘、鄂、赣）四水（湘江、资江、沅水、澧水）五线（京广铁路、武广高速铁路、京珠高速公路、107 国道、长江）的多元交汇点上，是长江中游仅次于武汉的又一个"金十字架"。区域优势明显，位居武汉城市群与长株潭城市群两个国家级综合配套改革实验区的中间衔接地带，并且国家已批准武汉为中部中心城市，这都为岳阳的未来发展提供了利好。

　　综合分析岳阳已有资源禀赋，岳阳的巨大发展机遇在于紧紧抓住文化这个根，拓展开去，让文化成为磁铁，将科技、创意、资金、人才、游客等都吸引过来，树立岳阳形象、岳阳区域文化口碑与品牌。

　　考虑到岳阳已有的城市名片：首批沿江对外开放城市、国家历史文化名城、中国优秀旅游城市、中华诗词之市、国家卫生城市、中国经济百强城市、综合配套改革试点城市、湖南首个国家园林城市、中国经济百强城市、优化资本结构试点城市、全国文明城市建设先进城市、科教兴市先进城市、中国楹联文化城市、中国观鸟之都、中国科普示范城市、全国无偿献血先进城市、全国商标战略示范城市、最值得驻华大使馆向世界推荐的中国生态城市，我们认为我们提炼出的"世界江南"概念不仅可以涵盖这些城市名片的文化内容而且可以引领更好地综合开发岳阳区域资源禀赋的方向。

　　江南，字面上的含义为江的南面。但作为一个典型的历史地理概念，江南本意指长江以南的地区。在古代，江南往往代表着繁荣发达的文化教育和美丽富庶的水乡，区域大致划分为长江中下游南岸的地区。江南代表了中国人对美好生活的无限向往与希望。江南有三重涵义：一是自然地理的江南，即长江以南；二是行政地理的江南，唐代设置江南道，宋代有江南东路和江南西路，江南的概念历代都有所变化；三是文化江南，在近代以前，基本与唐代江南道的概念一致。但是，关于江南一词的定义及其运用，古今中外学者从未统一过。江南定义的不确定性反而为岳阳抢占定位提供了巨大的空间。秦汉时期，"江南"的含义很明确，主要指的是今长江中游以南的地区，即今湖北南部和湖南全部。江南随着历史的发展重要性日益凸显。六朝之江南是江南之江南，明清时之江南是中国之江南，近代以来的江南则成为世界之江南。但当今中国的沿海的江南城市由于城市现代化速度太快，原有的"江南文化"气质正在消失。除了嘉兴正式宣称要将嘉兴打造成"江南形象代表"外，尚未有别的城市在这一主题上做文章。因而，岳阳可凭洞庭湖、江南三大名楼之一岳阳楼，众多湖泊、山塘、诗文、秀水清山等江南文化特质资源优势，抢占全球人心目中的"世界江南、灵感之源"心智位置，打造系列可供消费的产品与产业链条，从而盘活积淀了两千多年的承载着无数人精神故乡的江南文化，为岳阳一个区域所用，并将其作为可持续发展的目标，强化"世界江南、灵感之源"形象与品牌、空间与载体、环境与氛围，从而可以持续利用并形成效益型强势后劲。同样，借助屈子祠与屈原文化，岳阳可抢点"灵感之源"的定位制高点，从而盘活空有资源而无产业的屈原文化，进而做强范围更广的湖南文化产业，而且世界江南与灵感之源二者可暗合，形成一个整体定位优势，形成更大吸引力。

2. 基于全国与世界的发展态势

随着中国三十年的改革开放不断取得丰硕成果，中国综合国力已位居世界前列，尤其是经济硬实力已超过德国位居世界第三，中国在世界范围内受关注程度越来越高，提升文化软实力亦成为国家战略，而发展文化产业成为世界普遍的战略选择。在这种态势之下，可以预见，在不远的将来，世界对文化会形成更为强劲的有效需求，作为战略的具体承载者的区域文化产业之间激烈竞争局面也会随之出现。因此，如何形成区域差异化发展，形成不可复制或替代的核心竞争力成为区域发展无法回避的重头戏。

世界对中国的关注，必须会关注到中国文化，向往体验中国文化，消费中国特色文化产品，江南文化作为中华文化重要组成部分，自然会成为世界消费者的重要选择。

中国内部改革的纵深发展,人均收入水平与社会保障机制的不断完善,会使国人有越来越能力追求文化生活,进行文化消费,外出休闲度假,这也岳阳文化产业发展提供良好外部空间。

从时代发展来看,现在已进入网络时代、知识经济、体验经济时代,对人脑力的要求越来越高,对创意、创新人才越来越重视,创意创新对社会经济的贡献程度越来越高,随着信息交流的方便快捷,文化亦会越来越丰富,而文化越丰富,人们越会去寻找更深层心灵上的寄托,去寻找更深层心灵上的共鸣,而沉淀了几千年的有着丰富文化内涵的江南文化自然会成为世人的追寻与选择。

另外,在智本家越来越主流的时代,创意创新人才对生活环境的要求也越来越高,这也为灵感之源定位契合时代节拍提供了可能的市场空间。岳阳闻名天下的"忧乐天下""求索精神"区域文化内涵都可融入灵感之源定位中。城市是为人而建,人才是城市里最重要的元素。衡量一个城市是否有魅力,最重要的标准是,当地人在当地文化历史背景下,对空间对整体环境是否感觉舒适惬意。按照灵感之源定位打造的城市与区域必然广大人群的青睐。

因而,不论从地域空间还是从时代的当今与未来发展来看,岳阳"世界江南、灵感之源"的区域主题文化定位都有着巨大的发展潜力与巨大发展空间。

三、可能的具体操作方案

(1)实施"一意多行"理念,将主题观念变成丰富多彩的形象与系列行动计划,发挥先入为主效应,抢占定位制高点,形成与众不同的岳阳形象,通过多种手段牢形成与掌握"世界江南"形象塑造与维系的话语权。

(2)利用"世界江南、灵感之源"定位契合了时代要求与社会心理的优势,挖掘其巨大的发展潜力,拓展其发展空间,形成可持续利用的效益型强势后劲。

(3)"世界江南、灵感之源"定位与岳阳区域有机"捆绑",拓展其价值,让岳阳区域成为磁铁,引导各种发展要素纷至沓来,特别关注科技、创意、资金、人才、游客等要素,为岳阳的超常规发展创造大的机遇。

（4）以文化产业带动城市与区域发展、统筹城乡发展。

（5）将屈原文化与当代文化心理、消费心理需求结合，开拓屈原文化的国内国际市场，扩大屈原文化载体范围与影响范围，做大做强屈原文化。

（6）综合运用营销、传播、广告等多种手段，特别注重最新营销宣传技巧，如城市形象广告、网络营销、湿营销等等，以"城市与区域形象广告的大众传播"、"奖励旅游"、"会议之都"等为引子，充分利用集名山、名水、名楼、名文、名人于一体的丰富文化旅游资源和优越的人文环境，充分发掘烟波浩渺的洞庭湖、屈魂永驻的汨罗江的深厚文化积淀，使岳阳顺着"世界江南、灵感之源"定位走下去，将其打造成为国家文化产业超常规发展的典型。这在我国缺少特别成功的文化产业案例，而文化产业发展在当前又上升到国家战略高度，国家文化产业振兴规划才发布不久的大背景与机遇之下尤显重要。

顺着这个定位走下去，一个可能的大而长的产业链条可以是：以"灵感之源"与美不胜收、独一无二、不可复制的"世界江南"美景为号召，可吸引国内外游客、车友、驴友、休闲度假者等各类人群，从而扩大岳阳知名度与美誉度，随之，受中部中心城市武汉与长株潭城市群辐射，来自更大地域范围的各种规模企业的带薪休假、培训、会议、拓展一体化的奖励旅游亦可能红火起来。借助政府推动，各种大型国际组织、政府会议或论坛也会愿意选址或定址岳阳召开，这样或可将岳阳打造成"会议之都"，从而拉动旅游业、休闲娱乐演艺业、宾馆酒店业、餐饮业、造纸印刷业、现代传媒业、文化产品制造业、农特产品生产销售业、房地产业等系列产业发展，高端会议与论坛会使更多高端人士为岳阳发展提供智力或资金或项目支持，从而有更多机会与平台对接长株潭及周边地区的快速发展，带动岳阳社会经济文化的超常规全面可持续发展。

本章参考文献：

1.《岳阳市十二五文化产业规划纲要》，湖南省文化产业研究基地2010年编制。

2. 陈湘源. 岳阳历史文化研究失误原因探析［J］. 岳阳职业技术学院学报，2006（6）.

3. 陈国柱. 岳阳文化产业发展环境调查 [J]. 中国文化报, 2002 - 4 - 6.

4. 陈凯旋. 历史文化名城岳阳及其保护规划 [J]. 湖南城建高等专科学校学报, 2003 (3).

5. 彭民科. 关于岳阳南湖旅游开发主题定位问题的探讨 [J]. 云梦学刊, 2000 (3).

6. 赵煌庚. 论城市旅游形象定位条件及模式选择——以岳阳市为例 [J]. 云梦学刊, 2004 (1).

第十一章

城市形象广告

　　"这是最好的年代，也是最坏的年代。"一个世纪前，英国作家狄更斯在《双城记》里的感慨在百年后的今天依然准确地表达着时代的迷惘。对当今时代的城市来说，现在的确是最好的年代——物质精神生活均极度丰富，城市发展迅猛。同时在全球化影响下这看上去似乎又是最坏的年代，城市病大量涌现——人口膨胀、交通拥堵、环境污染、资源短缺、城市贫困。放眼望去，一座座城市是趋同的摩天大楼。车水马龙，像大工业流水线上廉价而大量复制品，大体相同的发展道路，雷同而缺失个性。这一现象在包括中国在内的发展中国家尤为严重。

　　为了让生活更美好，城市需要自己的标签，即我们常说的城市文化名片。在此背景下，城市形象的建设尤为重要，作为塑造城市文化名片重要手段的城市形象广告也随之产生。

　　城市形象广告，顾名思义是指给城市做的形象广告，以城市为营销对象，展现城市独特个性。在我国，城市形象广告以电视广告为主。1999 年，威海市城市形象广告在中央电视台播出，标志着大陆城市形象广告的诞生。随后，大连、成都、上海等诸多城市开始在电视上投入城市形象广告，城市知名度美誉度随之迅速上升，拉动旅游业等行业发展，促进了城市经济发展。与此同时，这也增强了市民的归属感和认同感，增强了城市凝聚力，培养了市民热爱城市，遵纪守法的好习惯，促进所推广的整座城市文明程度的提高和精神文明的建设，城市魅力的展现，吸引了人才，塑造了良好的政府形象，赢得各方面的认同，全方位促进了城市发展。

作为湖南省会的长沙，又称"星城"，有文字可考的历史 3000 多年，因屈原和贾谊的影响而被称为"屈贾之乡"。长沙又称"楚汉名城"，马王堆汉墓和走马楼简牍等重要文物的出土反映其深厚的楚文化以及湖湘文化底蕴，位于岳麓山下的岳麓书院为湖南文化教育的象征。历史上涌现众多名人，留下众多的历史文化遗迹，成为首批国家历史文化名城。长沙经济原本偏重于第三产业，尤以媒体和娱乐业闻名，为中南地区重要工商业城市。近年来，由于长沙大力推进新型工业化，一大批高新技术产业以及机械重工业产业得到了迅速发展。当前长沙城市化模式的选择正进入一个时间窗。也许正是这种"弯道超车"速度带来的"时间窗"迷茫，长沙给自己印的城市文化名片头衔总是不停地变换着。当然城市文化名片变更离不了"城市形象广告片"。在由长沙市委宣传部与中视金桥国际广告有限公司合力打造的以"多情山水，璀璨星城"为广告主题的广告片中，长沙特色景物纷纷入镜：橘子洲头、岳麓山、湘江、五一广场、天心阁、酒吧、贺龙体育馆……当然少不了担任主角的市民。

这部广告片将长沙三千年历史注入现代化的活力，在长沙的形象中注入了其特有的文化特质，展现了她的特色。此广告创意总监曾这样阐述广告创意，"长沙的城市定位关键在于如何将它最具亲和力和最具现代感的一面展现出来，因为历史文化名城的传统印象在很大程度上遮蔽了它在现代化进程中最为独特的个性。我们在不完全否弃它在精神层面上的沉积的同时希望对它的现在和将来进行关注。'多情'二字就是这样浮出水面的，它是百姓生活情态的总结是溯源文化的一次寻根，更重要的是对现代长沙魅力的提炼。将长沙的时尚、风情、期许、憧憬和拥有的乐观向上的精神统统囊括其中，而广告片更在画面上有效支撑了这一表达主题。"

但是当我们同时去看其他城市的广告片，如张艺谋执导的《成都，一座来了就不想离开的城市》，《无数个姚明，好一个上海》，再看看马来西亚、新加坡、澳大利亚的形象广告时，很容易发现长沙这一以"多情山水，璀璨星城"为主题的广告片有许多问题值得深思，我们会发现广告并没有给出"山水多情，星城璀璨"的理由和证据？只凭那几个景点吗？这种无创意的单纯的景点的堆砌到底有多大的说服力呢？

　　将其放大来看，与其说这部广告片在展现着长沙新形象，不如说展现的是国内大部分城市形象广告片的通病：它们太像了：浮光掠影地扫描城市，单纯"橱窗式"地展示，抽象地展示城市的实力和特点，广告目标模糊，目标受众的认识也模糊，雷同的景观、交通、物产等物质资源等并不能构成灵魂，不是对人的关注，对精神世界的解放。历史和旅游两张王牌本应独具特色，但是在被各城市反复使用后也被打用滥，全国已然泛滥着各种历史名城和优秀旅游城市。这种"千城一面"的似曾相识感，让人们看后没有回味感，只如过眼云烟。同时，广告的投放也仅集中于央视等少数媒体，传播方式单一缺乏连续性，单打独斗，没有整合营销思想。这或许是"最坏的年代"所产生的没有面孔的城市的一种反映。归根到底，或许源起于城市营销总方向的混乱。

　　研究者踪家峰在《城市营销与城市发展初探》一文中指出，城市营销就是将城市作为一件商品，推销给城市顾客群体如投资者、旅游者等，以满足城市需要和城市顾客需要。他进一步指出，"城市营销是一种整体营销，它主要是通过营销组合过程来突出城市的特色和吸引力，即把最能代表城市特色的事物组合或打包，这种事物可以是名胜古迹、民俗风情，也可以是一种城市发展理念。营销的目的不仅在于突出事物本身的特点，而且是通过这种事物使目标顾客认识城市的整体形象。"而在城市营销中，城市品牌又是十分重要的一点。美国Kevin Lane Keller教授在《战略品牌管理》一书中给城市品牌这样定义："像产品和人一样，地理位置或是某一空间区域也可以成为品牌，城市品牌化的力量就是让人们了解和知道某一区域并将某种形象和联想与这座城市的存在自然联系在一起，让它的精神融入城市的每一座建筑之中，让竞争与生命和这个城市并存。"一个城市品牌只有传承它所固有的特色，汲取其历史与文化的营养不断塑造美化自己，才会具有真正的魅力，以此来打造城市差异化。研究者胡俊在《差异化——21世纪城市发展的新战略》中认为，"城市向社会提供的同类精神、物质产品和服务项目具有不完全的可替代性，以便与其他提供同类产品和服务的城市相区别。"

　　在城市营销、城市差异化品牌定位思想指导下，亚特兰大提出"具有进军全球商业的战略位置"的城市定位，纽约提出"永不休息的商业城市"，波多黎各提出"对新工业提供百分之百的免税"（这一广告语出自著名广告人大卫·奥格威之手，被专家称为"以一场广告宣传活动改变了一个国家形象的唯一例子"。成功之处在于将投资者最关心的问题，即优惠政策摆在最醒目的位置予以陈述），通过定位自己的特色方式来进行城市营销。而反观我国，城市营销才刚被提上议程，仍处于探索阶段，城市特色开发缺乏系统的，科学的理论依据和指导，定位大多集中在"魅力之都"、"浪漫之都"、"历史文化名城"这样大而空，似乎每个城市都可以通用的万金油头衔上，定位模糊，个性缺失。所以，作为城市营销的总思路与大方向指导下的具体实践的城市形象广告也随之千篇一律，"泯然众城矣。"

美国人刘易斯·芒德福曾说过，"城市是文化的容器。"建筑师罗哲文说过："一个驱逐了文化传统的城市是不可原谅的。"不难理解，文化是一个城市的根，是能够点亮一座城市的灵魂。城市建设必须要打文化牌。

唐代诗人刘禹锡说："潇湘间无土山，无浊水，民秉是气，往往清慧而文。"一方水土养一方人，山水钟灵则人物毓秀。长沙的文化从3000年的历史中习得，在山水洲城的环境下熏陶而来，凭敢为人先的精神闯荡而出。而长沙这座城也承载着很的可供开采的"文化点"——生态文化（山水洲城，人杰地灵），人文文化（楚汉名城、屈贾之乡、湖湘文化、革命摇篮、伟人故里），活力文化（现代影视、会展经济、休闲美食、娱乐之都）……长沙吸引人的地方很多，可供挖掘的"文化"很多，这是机遇也是挑战，关键在于如何在其间取舍，真正抓住实质。《战争论》作者卡尔·冯·克劳赛维茨说，"绝对的优越性是不可能达成的，而你必须在关键的决策点上善用现有的条件、资源，以生产出一种相对的优越感。"这种观念也可以移植到城市营销领域中来。

那么，长沙的城市营销、品牌建设着眼的文化点到底应该在哪里呢，在此方向指导下的城市形象广告诉求点如何呢？

有人将长沙定义为文化气息浓郁的国际文化交流中心、"国际旅游城市"，与张家界的自然风光形成呼应和互补，以自然和人文景观，案犯生中心城市和交通信息优势取胜。有人把长沙定位成"文化硅谷"、"娱乐之都"、"快乐之都"，也有人发挥山水洲城的优势，定位为"生态旅游城"，发挥旅游促进城市生态建设的作用，吸引游客的同时造福地方百姓。也有将长沙的生态型旅游地增加文化的主打牌，以文化立市，以湖湘文化冲向全球。前市长谭仲池也说过"长沙的历史文化底蕴非常深厚，应充分利用自身条件和资源优势，以文化魅力来提升旅游品位，以文化特色来吸引游客。"也有人认为中国有近百座历史文化名都，旅游之城，也将其作为长沙品牌内涵会显得太泛，另辟蹊径地提出将长沙定位成中部休闲之都、最具娱乐幸福感的城市，因为湖南卫视、酒吧、洗浴、文娱、美食等品牌已具有全国影响力甚至世界影响力。到过长沙的人们感觉最深的几乎都是休闲娱乐。一位长沙作家曾写道：严格说来，长沙不是一座工业化的创业之城，而是一座生活化的消费之城。"在这个喧嚣、浮躁、功利的时代里，长沙人仍能悠闲、平和、亲切，不输给以悠闲闻名的成都人。

当然，长沙的文化名片到底如何定位不会是几个专家的一家之言，它的确定是一个复杂的系统工程，其形象广告的策划传播也是一个专业化程度非常高的创意过程，需要深入研究和战略思考。然而，不管最后定位如何，都应该彰显湖湘文化和长沙精神，符合市场经济、时代特点和可持续发展规律。

同时，不管城市营销从何种定位开展，长沙的文化名片塑造方式都能给中国许多正在进行城市形象塑造的城市带来思考与启发。我们的以下建议也许显得过于片面，权当抛砖引玉，以期引发更多人更大范围更深层面的更多思考。

1. 将屈原文化与红色文化、流行文化融合提炼，突出无可取代的城市特色与文化之魂。

长沙城市文化开掘的点很多，但应突出不可复制与最深内涵与最具包孕性的部分，不求面面俱到。屈原作为我国已知最早的著名诗人，中国最伟大的浪漫主义诗人之一，世界文化名人，世界唯一以端午节这种节日方式来纪念的诗人，具有重大的不可复制的文化影响力，其浪漫主义的文化内核可与红色文化中的革命浪漫主义甚至当下流行文化中的时尚浪漫找到共同之点。可以说，屈原文化对于湖南的贡献将无与伦比。一个可行的思路是将以点的突破带动多条文化产业链条的形成，从而文化产业化与产业文化化互动发展，统一于城市定位中。在文化景观方面突出的不应该仅仅是五一广场、步行街这种随处可见的标准化城市产物，而是岳麓书院、橘子洲这种真正的特色，并挖掘出其中的精神所在。

2. 创新表现手法。

改变过去广告片里城市景观罗列的做法，深入抒写长沙故事，长沙人的故事和精神，触及城市本质。将城市的内涵以生动、让人印象深刻的方式表达出来。

3. 大力进行城市营销。

注重将城市营销的规律与实践结合，选取合适的城市形象代言人，广告口号等，不要只是一个广告片这么简单，要注重广告运动的连续性与复杂性、系统性。

4. 注重整合营销传播。

配合广告片举行旅游节推广，会展介绍，与其他城市结盟等，使广告立体起来。走出去主动宣传。借鉴澳大利亚哈密尔岛"世界上最好的工作"这一事件营销的启示，结合新闻、公关等全方位出击。利用湖南卫视资源，打造专门的节目，在电视剧里将长沙植入式营销，如现代唯美爱情偶像剧《一米阳光》对云南丽江的植入。

古语云："美在于形，只能悦目；美在于神，方能赏心。"长沙的品位、个性、气质正等待着发掘和打造，相信不可限量的古城长沙必将美丽蝶变，城市会更美好，生活也会更美好。

（本章主要内容曾以《反思城市文化建设，创新城市形象广告》为题发表于《中国文化产业》2010 年第 9 期）

第十二章

红色文化产业

　　红色文化是中国特色社会主义道路上特殊而深沉的历史印记，是由中国共产党人、进步人士和人民群众在革命战争年代积淀，在今天被重新诠释的具有丰富内涵的文化类型，是支撑中国革命发展的所有物质力量与精神力量的总和。红色文化聚革命故事、革命人物、革命遗址、革命遗物、革命精神为一体，不仅是中国共产党人缔造共和国的历史见证，也是共和国赖以存在和发展的根基和合法性基础，是支撑中国特色社会主义事业不断成长的重要软实力。其特质表现为艰苦奋斗、顽强拼搏、平等相待、不迷信权威、不墨守成规、开拓进取、勇于创新、不怕失败等等。红色文化作为当代中国的战略性资源具有重大开发价值，能释放出无穷尽的社会效益和经济效益，甚至关系到社会主义核心价值体系的坚实与整个社会主义大厦的稳固。

　　红色文化虽然是稀缺而又有用的文化资源，但毕竟是历史遗存，当今的社会大环境早已今非昔比，革命先烈遗留的物质遗产和精神遗产是革命先烈在特定时间和空间进行革命活动的副产品，其初衷并不在于跨越时空的教育后人，而是出于革命活动的当时需要。时空轮转，这些承载着革命先烈信息与精神的各种载体并不直接地表现为弘扬革命精神的现实产品，只有经过开发，只有经过后人的科学发掘和整理才能再现当时的革命活动，才能成为服务当代社会的现实的红色资源。因此，如何开发便成为最核心的问题，一个重要思路就是将红色文化产业化，借助市场与商业的力量反而有利于红色文化内涵的丰富、影响力的放大，由此出现的一个现象是打造中国红色文化产业成为当前各界的热门议题。本文在梳理、吸收相关研究的基础上，归纳、提炼出的发展我国红色文化产业的十大思路，仅是抛砖引玉，以期激发更多观点，推动产业发展。

一、借力"中国故事"大概念，突出"红色故事"的分量与价值，打造"中国红流"

借助"奥运"与"世博"，中国以崭新形象走向世界，在当今的"后奥运"与"后世博"时代，中国如何进一步提升对外开放水平，从"制造大国"向现代"文化大国"转变，一个切实可行的思路就是必须深度融入整个世界。于此，中国成为世界不可或缺的重要组成部分，中国需要世界，世界也需要中国，中国不仅对外输出产品，也输出有益于全球有益于整个人类的主流精神产品与价值观，这些理念都可借助"中国故事"的大概念重新定义与塑造中国的历史与现实，在这个大框架之下，突出红色文化与五千的一脉的中华文化之间的紧密关联，使之演化成符合当今世界人们所需要的精神支撑力量，在更深更广层面担当起世界大国责任。有研究者指出，红色文化是我们国家和民族真正有力量的决定性因素，沁润着每一位国民的心田，激活着每一位国民的思维。是否精心培育、弘扬红色文化，关系到我们是否能继续勇往直前。我们必须在和谐多样的文化环境中，将红色文化放在突出地位，这是一个民族文化自觉、文化眼光的标志，也是一个民族文明的标志。这话颇有见地，推而广之，中国故事的内核就是中华文化发展史中的核心理念，中国发展是世界发展的试验田，而红色故事无疑是中国成功故事的最新内容，因而理应由全世界人民分享。我们的邻国韩国曾以国家力量推动"韩流"在世界的风行，有理由相信由我国顶端设计、高层启动的"中国红流"借助产业的力量市场的力量也能供给世界人民需要的精神力量及无法复制的审美体验。

二、导入现代品牌运作理念，打造国家级"红色文化"品牌

当今世界已步入品牌竞争时代，但优质与稀缺资源并不必然会形成享誉中外的知名品牌，将资源、产品或服务升级为品牌，须导入现代品牌运作理念，进行持续大规模创意策划与传播投入，使之与目标消费群体的情感需求紧密相连。抽象来看，品牌实际上是品牌使用者心灵生活的载体。产品或服务品牌应该是与产品或服务对应的消费者的情感价值与情感需要的具体体现。中国红色文化以积极向上的刚性精神为灵魂,具有较高的"含钙量",与当下"含糖量"太多的肤浅的娱乐文化产品形成鲜明的区分。这就为品牌发展留下了巨大空间。

近年来,各地依托地域文化资源,以品牌运作为核心,推动特色文化产业发展。如井冈山有众多游客喜欢购买的红米酒、红米巴、红南瓜和"同志哥"系列等"红色产品"。但这些依然是停留在"小打小闹"的低层次品牌运作阶段,形不成规模与气候,无法与消费者的心灵生活真正契合,也就是达不到现代品牌运作的水平与结果。我们可以设想如果国家层面举国家力量,动用各种传播手段打造一个诸如名为"红色记忆"的大品牌,统一识别标识,允许符合既定标准的地方系列产品、细分品牌共享这一大品牌,这就必然形成地方产品、细分品牌与大品牌互相得益,多方共赢的局面,形成良性互动发展的理想模式,消费者也能在消费过程中获得品牌带来的精神愉悦与享受。

三、规划引领,项目拉动

由于我国红色文化遗址等资源的分布整体上散而偏,除了少数资源集中的一些地方有规划意识与规划能力之外,很多资源只是由零星项目占用,没有被统筹利用,更不用说导入高水平创意策划思维,因而如何合理规划、整合资源以及宣传推介成为现实大问题。这里关键是要有更大范围甚至国家层面的全国通盘考虑的发展红色文化产业的大规划,来整合地方与区域规划,通过超前规划与深度策划,从而衍生出一大批优质项目,拉动产业的发展,对资本市场释放积极信号,从而能够以主题招商引资方式,吸引投入能力强、运营水平高、品牌声誉好的投资商,确保产业高起步、高标准发展,有足够能力围绕特色进行深度挖掘,使得蕴含在资源中的文化潜能得以充分释放,直至形成现代品牌附加值。

在这一方面,韶山做出了地方上的良好示范。2011年3月25日韶山举行"情系领袖故里·共创美好未来"大型招商活动,签约18个重点项目,总金额达102.7亿元。这是韶山历史上落地项目最多、投资规模最大的一次招商活动。18个重点项目涵盖红色旅游、影视文化、休闲养生、现代农业、教育培训等多个行业。在这 18 个项目中，值得特别关注的是总投资额约 15 亿元的"红色影视拍摄基地"。该项目地处韶山乡韶北村勤俭水库周边，将以伟人故里中国红色文化历史为依托，以韶山毛泽东故居周围的自然景观为平台，打造国家级的"红色影视拍摄基地"。

四、注重红色文化内容产业发展

内容产业包括各种载体所能承载与传播的印刷品内容，如报纸、书籍、杂志等，音响电子出版物内容，如联机数据库、音像制品服务、电子游戏等，音像传播内容，如电视、录像、广播和影院等、用作消费的各种数字化软件等。尽管在现代传播发展过程中一度渠道为王，但这种趋势随着三网融合的推进，网络与数字技术的发展，新兴载体越来越多，媒介越来越多元化与廉价化，内容将永远是担当文化产业链条的"链主"，处于支配其他各环节的地位。因而发展红色文化产业，红色文化内容产业发展尤其重要，须特别注重适合新兴数字媒体传播特点的内容。重庆卫视靠纯红色内容形成了独具特色的全国范围影响力，湖南红网靠原创红短信活动取得社会效益与经济效益双丰收。另外与当今新兴的社会化媒体社交网站、微博、视频网站等平台契合的微内容、微电影、网络剧甚至网游都有红色文化内容产业发展的巨大空间。另外值得提出的是，这些新兴平台上可能出现一些含有红色文化元素的恶搞内容，对于这类现象应宽容待之，因为它们的一个正面效应是可以免费吸引众多的关注者，成为人们的议题，使红色文化元素变得不再陌生与隔离，甚至产生亲近感，我们要下大力气做的是让更多高品质高品位的红色文化内容生产出来。

五、产业与事业互动

文化事业主要体现在原创性文化创造和公共文化建设，而文化产业则是在文化事业基础上的延伸与拓展，主要通过经济手段和市场机制使文化增值。多年来红色文化一直以文化事业的方式存续与发展，红色文化产业只是最近些年才提出概念并对接实践，但文化产业的一个特性是适合"锦上添花"，越有事业基础，越适合产业发展。没有文化事业的繁荣，就不可能有文化产业的发展。

因而，原创性文化创造和公共性文化建设是发展文化产业的源泉和动力。但这二者之间机制的理顺往往成为一个难题。这就需要加大改革力度，协调处理好各方利益，探索文化事业与文化产业相互融合与转化的协调机制。

六、多业态互动

多业态互动模式在经济发达的城市比较常见，一个成熟的商圈往往拥有多种有密切关联的业态，能够提供多种商业功能，包括购物、餐饮、休闲、娱乐等。文化产业的特殊性在于具有较强的渗透力与辐射力，能够融合或拉动相关产业的发展，最大程度盘活相关资源。通过科学策划与创意，多方投入与培育，红色文化产业能够形成包括红色旅游、购物、餐饮、休闲、教育等在内的长长的产业链条。

如遵义计划着力主打"长征文化""转折文化"牌，着力使城市设施、城市雕塑、城市活动乃至城市市民的素质，都要围绕红色之旅来塑造，形成融合业态，诸如红军餐饮（忆苦思甜饭、红米饭南瓜汤等）、红军用品产业等，实行"以红带彩"战略，开发独特的复合型旅游产品，形成强大的市场冲击能量。在此基础上，盘活遵义独有的红色旅游资源、生态旅游、人文旅游、少数民族风情游、国酒文化等资源，对这些旅游资源的整合要多创新，促进旅游大产业大市场的形成。

七、践行"引进来"与"走出去"策略

"引进来"与"走出去"是两个具有较大弹性空间的可操作性极强的运作策略，可从多个角度来理解：可以理解为红色文化产品或品牌在国内市场与国外市场两个层面的"引进来"与"走出去"，可以理解为发展红色文化产业的人才的"引进来"与"走出去"，亦可理解为有利于红色文化产业发展的资源或关联要素的"引进来"与"走出去"等。季羡林先生曾鲜明指出，中国文化发展在重提鲁迅先生的"拿来主义"观点时，也不妨走"送去主义"之路。我们应该提倡"送去主义"，而且应该定为重点。为了全人类的福利，为了全体人

类的未来，我们有义务送出去。① 这一观点发展对于指导我国红色文化产业的发展有很强的理论意义与实践价值，可以在不惜代价的"送出去"的基础上再寻求主动"走出去"方式与方法。无论"送去主义"还是"走出去"策略都有一个共同的目标，即在文化互动中强化红色文化对其他文化类型或不同市场与地域空间的影响。更深入来看，在大力引进、学习、借鉴外来文化的同时，"送出去"或"走出去"即是一种提高国家文化安全的策略性选择，或者说是一种由文化防御进行文化融通的战略转换。②

八、体制机制创新

发展红色文化产业的新观念与新共识要落到实处，必然要推动体制机制的变革与创新。科学合理的管理体制与运作机制是源头活水，是实现产业又好又快发展的根本保障。但是红色文化产业发展的体制机制的改革和创新，是一个异常艰难的过程，当前，我国红色文化产业还主要依靠红色文化事业提供文化资源，进行改革创新势必会触及到诸多深层次的矛盾，触及到很多既得利益者。要进行体制机制创新，就要约束市场中的"有形的手"，改变政府对文化"喂养"的管理方式，在尽力送一程之后应坚决地将可以走产业化道路的红色文化资源与单位从政府的怀抱里放出来，实行转企改制，走进市场，调用市场手段配置相关资源，寻求文化建设的最佳组合与最佳状态。走向市场的发展方式对许多一直依靠"政府拨款、资金投入"的红色文化单位来说，无疑是巨大的挑战，这"逼"得许多文化单位不得不跳出原有的条条框框，开动脑筋，寻找出路，尽快学会在市场中的"自由泳"，充分借助市场对资源配置的基础性作用，力求打破地区、部门、行业、所有制界限，运用合并、重组、兼并等市场运作方式，做大做强产业，提升整体实力与核心竞争力，从而迸发惊人的能量。放大而言，可在红色文化产业的政策制定、投融资体制改革、多元市场主体培育、跨区域文化产业经营、专业人才配置、文化产品与品牌营销等多环节提升动力

---

① 季羡林. 三十年河东 三十年河西［M］. 北京：当代中国出版社，2006：26.
② 彭岚嘉等. 中国西部文化产业发展战略选择［M］. 北京：中国社会科学出版社，2008：291.

与活力，形成持续发展后劲。

九、与教育深度结合

如何在新形势下深入研究"红色资源"，并通过"红色资源"来加强和改进思想政治工作，提高全民的思想道德素质，为构建社会主义和谐社会提供充足的精神动力和智力支持，是新时期紧迫而现实的大课题。不难得出的一个结论是：让"红色资源"接近学生，贴近学生，为学生所理解接受是解决这一课题的关键。学生时期是人生接受教育最为关键的阶段，这个阶段最为突出的特点是逐渐形成个体的世界观、人生观和价值观。青年学生在这个阶段除了努力学习专业知识外，形成一个什么样的世界观、价值观是事关国家与民族振兴的大事。① 就革命传统和革命精神的教育价值的认识而言，毛泽东早在新中国成立之初就号召全党和全国人民要"发扬革命传统，争取更大光荣"。在新时期，我国改革开放总设计师邓小平曾指出，"我们还要大声疾呼和以身作则地把这些（革命）精神推广到全体人民，全体青少年中间去，使之成为中华人民共和国的精神文明的主要支柱。"因而，发展红色文化产业在加大创意策划的力度同时，要有意识地突出教育功能，在红色文化资源中开发真实的、有说服力的教育素材，通过与红色革命历史事实进行对话，与中国共产党人正确的人生观、价值观和利益观对话，让大学生在深刻的思想内涵和信服的事实面前亲自去感知和体验，从而增强了红色教育教学的吸引力和说服力，避免空洞的说教。可借助教育领域集体组织方便有效的特点，加大学生参与红色旅游、红色节会活动的深度与广度，做强做大红色体验经济。这不仅促进红色教育的发展，而且也是在培育未来红色文化产业消费的主流群体。

十、统筹城市与乡村

成熟与完善的红色文化产业链条应是一条"微笑曲线"：朝上的曲线两端即

---

① 冯东飞，韩琳. 延安红色文化资源在思想政治理论课中的育人功能 ［J］. 思想政治教育研究，2011（2）.

分别居于产业链条上游与下游的创意设计与营销在产业链条中附加值应最大，处于中游的制造部分附加值则最低。要盘活诸多居于偏远乡村的红色资源必须联动距离最近、人口集中、经济文化及交通信息相对发达得多的城市，使得红色文化产业创意设计、产品制造、产品或品牌营销三个互相承接的环节连接起来。如江西省很多经济不发达乡村具有丰富的红色文化资源，为发展红色文化产业提供了得天独厚的资源条件，如能联动就近城市，将分散的红色文化资源实行网状一体化战略，将红色文化融入到文化旅游、影视艺术、教育信息、策划展览等产业之中，借助城市的力量整合营销，将会做长做大红色文化产业链条，江西的红色文化产业之路也会越来越宽广。

又如身为红色城市的遵义有着得天独厚的红色旅游资源，可是，遵义在统筹城乡方面亮点不突出，没有充分开发相关资源，城市红色氛围太弱。游客连最基本的、红色旅游标识标志牌、线路图都难觅其踪。只有到了老城，会址的存在才会让游客感受到这是一座红色城市，而延安、井冈山、韶山等红色城市，却能随时随地让人感到"红色的熏染"，在营造城市的红色氛围、标识系统及城市建设的很多细节上，都渗透着红色的理念。这样城市无形中拥有了聚合与推介周边偏远地区红色资源的功能，并将城市资源与服务辐射到乡村，从而更好地满足现代人的多元化需求，创新红色文化产业发展方式。

第十三章

红色文化创意

　　本章追寻红色文化概念的源头，借助"理论眼睛"对红色文化创意产业的价值方位进行总体研判，认为将中国革命的历史文化资源发展成不断丰富内涵的红色文化概念并进而关联到今天的顶尖课题中国思想，是一个非常具有生长价值的思想方向。红色文化概念的起点即内蕴着为"人类本身的和解开辟道路"的理想基因，甚至可对接中华文化的"天人合一"大智慧。

　　红色文化的内涵拓展可与革命概念内涵的时代演化而进行动态联结，从狭小空间超脱出来向无尽广阔的以创新性为主要特征的现代文化与文明方向开掘。我国红色文化发展的超越方式应自觉主动借助脱域思维，在全球时空下放大红色文化创意产业想象，尤其是极大释放产业中"文化创意"的能量，深度介入中国现代文化与世界文化的结构与多样色彩。

　　红色像极新鲜血液的颜色，属于三原色和心理原色的一分子。在当今世界大多数人的常识词典中，"红色"已不仅仅是一种颜色，而是与情绪、感觉、直觉、感情、生命活力等意义紧密联系在一起。在中国，"红色"更是被赋予特殊意义，串联起近现代中国百年来波澜壮阔的"发展河流"，成为主流文化的精神底色。在这百年之中的最近35年中，中国的改革开放造就了一个举世瞩目的持续经济高速增长的"中国奇迹"，深度读解这一"奇迹"成了一个世界性的热门而又高端的大课题，较多说法支持"中国奇迹"是解放思想、突破传统观念与传统体制束缚的结果，亦是摸着石头过河的思维与实践方式的大丰收。在这一梦幻般的由"猫论"与"摸论"演绎的大转变舞台上，总是能看到"红色"的这位主角有释放不完的能量与精彩。阿斯特在《诠释学》中说，所有的具体存在都是精神之体现，存在的东西包含在精神中，正如无限的光折射入千种从一个源泉而来的颜色中，所有的存在只是折射入暂时东西里的大一（the one）的不同表现，而所有的东西最后再消融于大一之中。若将这里的颜色想象成当下的中国红色，更能放飞我们对世界的想象。在新近的所有类型文本中，"红色文化"、"红色经典"、"红色旅游"、"红色生意"、"红色收藏"、"红色遗存"、"红色资源"、"红色文化产业"等等已是显见的高频词汇。在当今全球化背景下，在中国新一轮改革开放恢宏大剧之新幕开启之际，"红色"这一角色的演绎水平直接关系着大剧的光芒与评价。这一角色的研发设计已到需要更多领域来深度关注的时刻。

一、红色文化：一个充满和解想象力的概念萌芽

追寻红色文化概念的源头，会找到如下较有延伸分析价值的故事。在千年之交的 2000 年，红色文化、红色旅游等概念才正式诞生并进入主流话语，也正是在这一年，中共正式推出"文化产业"概念。

2000 年，江西省政府于南昌博物馆举办主要面向海外客商的对外经贸洽谈和招商引资项目推介会。主办方在展厅的最好位置留了两个旅游展位，但如何向海外人士介绍革命传统教育旅游线成了难题。当时较一致的看法是，海外人士对游览革命纪念地是可以接受的，但是向他们推出革命传统教育好像不太恰当。应当选择一个中性词进行表述，并且要上升到文化层次。

此前，主办方也曾接待过台湾旅游行业的代表团，知悉台方人士对革命纪念地并不忌讳，认定我们搞旅游只是了解历史和文化，不是搞意识形态。

于是经过认真琢磨，反复推敲，"革命传统教育旅游线"最终被改定为"红色文化旅游线"。由此，红色文化、红色旅游等概念就此诞生。

红色旅游的提法不仅很快吸引了兄弟省份的注意，而且也获得了中共高层的肯定。2004 年，中共中央办公厅、国务院办公厅印发《2004 - 2010 年全国红色旅游发展规划纲要》，红色旅游由江西上升至中央，成为一项国家级决策。

按照《纲要》的解释，红色旅游主要是指"以中国共产党领导人民在革命和战争时期建树丰功伟绩所形成的纪念地、标志物为载体，以其所承载的革命

历史、革命事迹和革命精神为内涵，组织接待旅游者开展缅怀学习、参观游览的主题性旅游活动。"

"只搞历史文化，不搞意识形态"的想法显然对内不切实际，红色旅游的政治功能被突出和强调。《纲要》中提出的六大目标的第一条便是："加快红色旅游发展，使之成为爱国主义教育的重要阵地。"

为此官方还专门成立了全国红色旅游工作协调小组办公室（简称"全国红办"），由国家发改委、国家旅游局、中宣部、财政部共同推动实施这一工程。各地方也相继跟进，而且出于资金需求和政治需要，积极响应号召，全国红色旅游大幕由此开启。2011 年，国务院印发了《2011－2015 年全国红色旅游发展规划纲要》，要求各地"结合建党、建军、建国等重大纪念活动及其他重要节假日，组织系列宣传推广活动"，"以 2011 年中国共产党成立 90 周年、辛亥革命100 周年、2013 年毛泽东同志 120 周年诞辰、2014 年邓小平同志诞辰 110 周年、2015 年抗日战争胜利 70 周年等重大纪念活动为契机，精心筹划一批主题鲜明、具有较大社会影响的红色旅游产品。"预计到 2015 年，内地红色旅游年出行人数将突破 8 亿人次，年综合收入将突破 2000 亿元。据粗略估算，全国红色产业创收早已过万亿元规模，已成为真正意义上的产业。① 借助市场的力量，红色产业的经济贡献才刚刚开始。在这一大势之下，关注红色文化的文化内涵及未来拓展方向有着重要的价值与意义。

有研究者从红色收藏视角指出，红色文化遗产守着一座金矿，而且是名副其实的"富矿区"。创意文化产业正以其雄浑深蕴、富含创新活力的文化精神，向世人显示着其独特魅力。"十七届六中全会"精神不是短期行为，而是十年、二十年的国家意志。我们的红色收藏带来的不仅是感受和享受，更是思索和求索。时间横跨整个世纪，恰巧从中国翻天覆地的 1911 年，途经五四运动和中国共产党创建，直至新中国诞生——这俨然是整个 100 年中国近现代历程的缩影。红色收藏品，实际上提交了几组关于中国革命史的"同一主题"的"不同变奏"，具有内在的贯穿性。其中哲学和社会学素材的影响是非常显著的，"中国

---

① 李光. 解密大陆红色文化产业链［J］. 凤凰周刊，2013（6）：20.

思想"由此得到明确的昭示。红色收藏刚好提供了某种史学上的过渡,既接续了传统,又开启了"现代",我们已经完全走进"十七届六中全会"精神的特殊音响世界中。红色收藏以极端的精确度靠近史学的真实,完全能从中开掘出令人意想不到的文化表现力①。

　　我们以为将中国革命的历史文化资源发展成不断丰富内涵的红色文化概念并进而关联到今天的顶尖课题中国思想,是一个颇具想象力与价值的研究思路。虽然红色文化概念诞生极具偶然性与地方性,或可以说是出于对曾经的敌对方的一种尊重,一种已深深植根双方血脉的儒家思想的"己所不欲勿施于人"的朴素情怀,虽谈不上预设多少宏大构想,但放大来看却埋着为"人类本身的和解开辟道路"的基因。随着红色产业的壮大,相应地,红色文化影响亦日渐加大,不断被赋予新内涵,于是二者的良性互动得以形成,以致于放大到可尽可能释放追问空间,超越点线面,超越地方,直面中国与世界。

　　如此发想与判断,可以较容易在随时代发展进程而产生的对"革命"概念内涵的不断拓展中找到支撑。由此启发我们去寻找更多可拓展"红色文化"内涵的学理支撑,使得红色文化能在更大层面上在承接传统的同时开创时代价值观的可能性,甚至可承转中华文化发展的"断裂口",展现和平崛起中国的精神新气象。

二、他山之石:脱域与再嵌入

　　红色文化这一概念可以承载中国从极其悲惨与悲壮的境遇到今天已实现的奇迹般的再度繁荣与豪迈现实的逆转,也可被寄托着未来向着更加光明的前途实现伟大的民族复兴,以及民众精神气象与境界实现历史性转变的可能性想象。这需要我们寻求更多的角度进行思想探路与历险,让思想成为行动的先声。

　　一个较易理解的视角是从"革命"概念本身的演变史出发来对接红色文化的内涵。在这方面,尤其是对"革命"概念的理解,中外均有极丰富的精深研究文献支撑。"革命"一词的西语源流是一个天文学术语,指有规律的天体旋转

---

　　①　秦杰. 红色文化创意产业的核心理念,中红网,[2011 – 11 – 18]. http://www.crt.com.cn.

运动，中文流变可追溯到《易经》中的"天地革而四时成，汤武革命顺乎天而应乎人，革之时义大矣哉。"时移世易，革命这一概念现已成为近现代史上一个内涵复杂、见仁见智、褒贬不一的大词，甚至可以说近现代世界史在某种程度说就是一部革命史。纵观相关文献，对革命内涵的理解一个总基调是从狭义的暴力特征往最广泛的创新性特征等语义膨胀方向发展。有研究者认定，站在现代的思想学术立场上，应当将革命视为文明的"突破"与"重构"。革命的宗旨和要义根本不在于暴力，不在于翻转或复辟，也不在于翻身和斗争，而是文明的提升、跃进和突破。革命的过程无论怎样惨烈、艰辛、繁复或曲折，革命的时间或许数十载或许几世纪，但是其目标和方向却是确定和必然的。① 因而，红色文化的内涵拓展可与革命概念内涵的时代演化而进行动态联结，从狭小空间超脱出来向无尽广阔的以创新性为主要特征的现代文化与文明方向开掘。

由此，高度抽象而深入研讨时空－空间伸延的"脱域"与"再嵌入"等西方概念可以导入作为他山之石来开掘红色文化发展的新视角。

新全球化时代在改变人们的生存方式和全球结构的同时，就在改变着中国现代化的宏观语境。一个正在走向现代化的中国遭遇全球后现代的挑战，从而造就了中国现代化的自反。中国现代化反思出现了本土化的"脱域"与"重构"两个特征。所谓本土的"脱域"就是中国的现代性正处在一种"时空倒错"格局中，原本在西方依次出场的前现代、现代与后现代，在新全球化语境中于中国共时出场或错序出场；所谓"重构"，即与全球一系列后现代特征对接的中国现代化既不是经典现代性，也不是后现代，也不是西欧"新现代"或"反思的现代性"的跨界平移，而是立足中国本土的"新现代性"，从而形成了具有本土风格的中国问题，需要我们以中国立场、全球视域来观察中国问题，建立中国新现代性理论。② 用这种具有世界与时代的宽度与纵深的视野来观察当今我国红色文化发展，能带来不一样的思考。

---

① 刘毅．革命概念的本义与语义膨胀［J］．读书，2013（5）：35－36.
② 任平．脱域与重构：反思现代性的中国问题与哲学视域［J］．现代哲学，2010（5）．

　　英国社会学家安东尼·吉登斯将脱域（disembeding）概念予以定义，认为所谓脱域指的是社会关系从彼此互动的地域性关联中，从通过对不确定的时间和无限穿越而被重构的关联中"脱离出来"。总体来说，人们讨论较多的是用"分化"或"功能专门化"概念来讨论由传统世界向现代世界的转变。这种观点认为，从小规模的社会系统向农业文明的转变，然后再走向现代社会的运动，可以被看成是社会的内在多样化的进步过程。但这种观点事实上对时－空伸延问题未做出令人满意的论述。分化或功能专门化概念对理解社会系统如何将时间和空间托架出来的现象并不很适用。由脱域唤起的图像能够更好地抓住时间和空间的转换组合，这种组合一般而言对社会变迁，特殊地说对现代性的性质，都特别重要。他在分析时－空分离对现代性的极端动力机制极重要的原因时指出，时－空分离是脱域过程的初始条件，时－空分离及其标准化了的、"虚化"的尺度的形成，凿通社会活动与其"嵌入"（embedding）到在场情境的特殊性之间的关节点。这种现象通过冲破地方习俗与实践的限制，开启了变迁的多种可能性；时－空分离为现代社会生活的独特特征及其合理化组织提供了运行的机制。它们具有一种与前现代秩序形成鲜明对照的动力机制。现代组织能够以传统社会中人们无法想象的方式把地方性和全球性的因素连接起来，而且通过两者的经常性连接，直接影响着千百万人的生活。①

　　吉登斯认为存有两种类型的脱域机制，一种是象征标志（symbolic tokens），另一种是专家系统（expert system），它们内在地包含于现代社会制度的发展之中。所谓象征标志，意指相交流的媒介，它能将信息传递开来，用不着考虑任何特定场景下处理这些信息的个人或团体的特殊品质。与象征标志一样，专家也是一种脱域机制，因为它把社会关系从具体情境中直接分离出来。时间从空间中的脱域是时－空伸延的条件，而且它们也是促进了这种脱域。与象征标志一样，专家系统以同样的方式脱域，即通过跨越伸延时－空来提供预期的"保障"。并且所有的脱域机制都依赖于信任（trust）。②

---

　　①　［英］安东尼·吉登斯. 现代性的后果［M］. 北京：译林出版社，2011：17－18.
　　②　［英］安东尼·吉登斯. 现代性的后果［M］. 北京：译林出版社，2011：25.

　　另一个概念"再嵌入"（re－embedding）指是重新转移或重新构造已脱域的社会关系，以便使这些关系（不论是局部性的或暂时性的）与地域性的时－空条件相契合。所有的脱域机制都与再嵌入之行动的情境发生互动，它要么维护要么损害这些情境。

　　总之，脱域机制的发展使得社会行动得以从地域文化情境中"提取出来"，并跨越广阔的时－空距离去重新组合社会关系。立足这一视角，可以启发我们发展红色文化的脱域机制，超越点线面等区域文化情境，在全球的历时性的大历史空间与共时性的世界地理空间大视野中以新的方式去重组发掘扩展新的可能性。

　　个人以为，脱域与再嵌入及运作机制的观念有着中国古老的阴阳思想的影子，周敦颐在《太极图说》中有精辟阐释："无极而太极。太极动而生阳，动极而静，静而生阴，静极复动。一动一静，互为其根。分阴分阳，两仪立焉。"是故"易有太极，是生两仪"。"（阴阳）二气交感，化生万物。万物生生，而变化无穷焉。"但脱域思想显然关注到了古人不可能看到的时代特点，较精准切入到现代性的褶皱处，较具可操作性。我们甚至可简单到说"时空大挪移"在地球村、数字化、指头文化的今天不再只是人们的幻想，而是成了真实的存在：大挪移时间问题可收获空间解决方案，大挪移空间问题收获时间方案，甚至大挪移时空问题收获突破性方案。

三、超越之道：从红色文化到红色文化创意产业

　　当人们对一个事物有了更深入的认识与逻辑把握后，更多的实践方法会较容易找到并应用入实践。"红色文化"在不太长的时间内从一个地域性偶然性的概念提出到深度介入至超万亿规模的"红色产业"，很可能出乎很多人意料之外，但这一果实与人们对此的认识深化与拓展不无关系。

　　检视已有的红色文化与红色产业理论与实践成果，理论认识与产业实践都在快速超越既有边界，尽管过多偏向贴近教育及操作层面的具体而微的对策式研究与产业发展动态描述，如有的研究将红色文化的精神内涵概括成"坚定信念，艰苦奋斗，实事求是，敢闯新路，依靠群众，勇于胜利"，集中体现了我们党的性质与宗旨，体现了我们党对共产主义远大理想的执着追求。也有研究成

果超越出来将红色文化与革命时期之后的建设历程、改革开放的精神内在地统一起来。绝大多数学者在具体研究中，是把中国红色文化理解为一种跟中国革命、中国共产党及其建立的红色政权密切联系的积极进步的文化，是对中国传统文化的继承和发展，并与马克思主义相融合的先进文化。关于红色文化研究成果，几乎都把视野放在中国红色文化资源的挖掘和探讨上。而事实上，可以说红色文化的魅力散布在世界各地。①

　　一般认为，任何国家在崛起时都有自己的梦想，这些梦想会激励着一批又一批人士去努力奋斗，取得成功，为国家的崛起做出贡献，中国今天就处在这个放飞梦想构造梦想的窗口期。因而支撑梦想的核心价值观文化价值观就应该是究天人之际，极古今之变，站在历史与时代的最高塔尖望尽天涯路，描画美丽蓝图与方向。这一定要在我们与世界都需要什么样的中国现代性文化上费思量。其大方向无疑将是接续中国民族文化传统的、整合异域现代文化精华的、体现中国特色的现代化语境的新融构。当务之急是清楚地分析与认识我们的文化方位与责任及其他文化可能冲突的问题，自省中国应当怎样自我调整与智慧应对，才能使中国文化的"在路上"成为充满魅力的迷人风景，贡献与引领世界的"七彩文化"。

　　顺此思路理解红色文化，我们乐意支持有研究者提出的个人判断：在这个时候，我们应该重新审视"红"，不要以一个"左"棒杀了它的革命性与先进性。解除"黄"的困扰，"红"、"蓝"皆可给力，只是容易再落入"蓝色的陷阱"中去。我们从"红"的极致里走来，更易把握它的正色，而且已然发掘出它强健的生命力与活力。不要再被"黄"所困顿，不要再被"蓝"所迷惑，"红"意味着火热与坚定，它是健康的鲜艳，亦是"黄"的渐变，亦是现代文化的底色。

　　借助脱域观念，我们可以让文化眼光走得更远。当今时代，个体的文化生活早已越来越多地在拉平全世界的跨界的网络中进行，脱域与再嵌入的文化现

---

　　①　朱桂莲. 近年来我国红色文化研究文献述评 [N]. 宁夏大学学报（人文社会科学版），2010（6）：188.

象无处不在，推动着文化的多样性和创造性。但网络时代个体文化的多样性和创造性，并不一定是在本民族文化轨迹中运行的，其所形成的文化现象，可能与本民族文化相容，也可能相悖。换着角度看，这实际上意味着中国故事在今天有了更多进入世界各色文化的渠道与机会。这时，脱域与脱域机制的依赖即信任之间的抽象关系如何被充分深入理解与把握成为关键。必须仔细考察信任、风险、安全和危险在现代性条件下的复杂关联，尤其必须考虑当信任消解时，如何才能更好地理解信任的缺场。

顺着上述思路，我们以为，在世界一体化而心灵危机严重的背景下，主动借助脱域机制，将"务虚"的不断扩展内涵的红色文化向"务实"的载体化的产品化的面向世界的红色文化创意产业发展，让二者形成良性互动发展，融入到世界文化内涵与相关产业支撑之中，形成世界七彩文化中的中国亮色，这不失为一个更大范围与较有价值的红色文化乃至现代中国文化的发展想象。具有中国某一特定时代特定内涵的红色文化可以形成全球性"红色文化热"，也可能形成全球性的文化产业。

红色文化概念诞生时萌芽着的自我和解与调适他人的智慧值得特别放大，甚至可承转中华文化发展的"断裂口"，对接到我国古代先贤创立并不断丰富着内涵的"天人合一"大智慧。因为从长时段历史来看，红色文化精神担当的都是在当时代可接受的积极的以独立自主的姿态及精神气象与世界融为一体的方向性选择，它可以激烈外显，也可以深度、细腻、内在、润物无声。承传与积淀了一代代思想文化精华的中国心灵与冷酷无情的"天"都能"合一"，立足丰富的历史文化资源与现实成就及史无前例的时代机遇，中国已然位居世界的中央，没有理由不相信现代中国能铸造出供全世界共享的"世界灵魂"与精神气象，再度散发中国心学"忍不住的关怀"的温暖心灵之光。我国红色文化发展的超越方式应是自觉主动借助脱域思维，在全球时空下放大红色文化创意产业想象，尤其是极大放大产业中"文化创意"的可能性，尽最大可能吸收各种能量与资源，满足世界心灵的真实多样与刚性向上等需求，持续不断地起到超越单一产业而复杂互动作用于更多更大的空间与领域，进而贡献中国现代文化与世界文化的多样色彩。

第十四章

文化产业园

　　放大规划价值，激活蓝墨水源头，称得上是国家级长沙天心文化产业园区正在或将要实践的跨越式发展构想。

　　湘水北去，浏阳河弯，汨水长流，汇洞庭，贯长江，润泽了湖湘大地，孕育了湖湘文化，可以说，这三水流域是湖湘文化的重要发源地。两千多年前，世界文化名人屈原穿湘水越洞庭，最后归宿汨罗江。台湾著名诗人余光中先生由此生发出"蓝墨水的上游是汨罗江"的著名论断。现在，蓝墨水已成为中华文化的代名词。放眼湖湘大地的文化与文化产业，以区域空间论，最为集中与繁华之地，则非省会长沙莫属，而长沙又以天心区为最，若抽象来看，天心区称得上是城市之魂，守候着历史文化的源头。

　　2011年2月，长沙天心文化产业园被文化部授予"国家级文化产业试验园区"，进入文化部命名授牌的"第三批国家级文化产业示范（试验）园"名录，成为中南地区湘、鄂、皖、黔、赣五省唯一的国家级文化产业园。这标志着长沙天心区甚至湖南省的文化产业发展进入到一个崭新阶段。表面看，这是实至名归，实际上得益于多方力量的合力推动。

　　长沙天心文化产业园2008年4月成立，将发展目标定位为"长沙文化产业发展集聚区、湖南文化产业发展先导区和国家级文化产业发展示范区"，今后园区将以区域内长沙市最为集中的历史文化资源与国家级文化产业园区的独特政策优势为依托，以丰富群众文化需求为方向，以整合政策、资金、人力资源为手段，深入实施总部经济、项目带动、品牌发展、产业集聚、资本运营五大战略，着力扶持演艺娱乐、影视传媒、文化旅游、文化会展、出版发行、创意设计六大产业，全面提升园区文化产业总体实力。天心文化产业园获评国家级文化产业实验园区，是天心区委、区政府在调整区域经济结构、转变发展方式方面抓住关键、果断决策、全面推进的结果。如果结合天心区的区情与发展态势与该区推动文化产业的具体过程，便更能体味这"简言"背后的丰富内容。

天心区地处湖南省会长沙的南大门，位于长沙、株洲、湘潭三市融城的核心区域，享有长沙市的战略区位优势，是长株潭"两型社会"建设的前沿阵地。该区近年依靠房地产的强力拉动，GDP 总量迅速提升，但现在城市化已基本完成，城市扩容空间告罄，在这样的态势下如何实现华丽转身，实现经济社会的可持续发展，这是未来长沙甚至中国必将绕不过的重大问题，天心区对这一问题可能的完美答卷将是具有标本意义的示范。长沙天心文化产业园区的获批无疑为解决这一问题带来的巨大机遇。园区地处"长株潭两型社会建设综合配套改革试验区"的核心地带，更是担当着湖南推进文化产业发展的"试验田"和"领头羊"的重任。

为更好了解长沙天心文化产业园区，我们不妨先梳理天心区发展文化产业的独特资源优势：

1. 文化底蕴深厚，历史遗存多

天心区承长沙楚汉古城之遗风，袭城南书院之灵气，集古城风云之神韵，聚湖湘文化之精华，是长沙古城文化之源。天心区是"楚汉名城"长沙的主要发源地，是长沙市历史文化底蕴最丰厚的地区，区内拥有各级文化保护单位 25 处，其中，国家级 1 处，省级 5 处，市级 6 处，不可移动文物 13 处，历史街巷 6 条，占全市历史街巷总量的一半，历史风貌保护区 2 个，占全市的一半，拥有长沙市唯一的历史文化街区——太平街，著名的屈贾祠位于这一街区。历史文化厚重，出土的三国吴简成长沙的文化标志和城市名片；商业文化繁荣，明清时的米、茶市场盛名全国；地域文化传承不息，城市街巷格局保存完好，历史建筑与文化遗址随处可寻，街巷地名与历史传说令人遐想；戏曲饮食风味浓厚，民俗节庆多元丰富；书院教育源远流长，名人文化璀璨夺目，多姿多彩的历史文化资源为天心区文化产业发展提供了得天独厚的肥沃土壤。

2. 特色品牌多，知名度美誉度高

十多年来，天心区通过连续实施"文化立区"、"文化名区"、"文化提升"战略，逐渐形成了需求层次多样、消费群体稳定、文化特色鲜明、投资主体多元的演艺、文化娱乐、休闲产业集群，拥有 60 多家特色酒吧、清吧，18 家量贩式 KTV 歌厅，185 家上规模的网络会所，100 家特色餐饮酒店，20 多家休闲会所，约 20 家三星以上的宾馆酒店，产生了"田汉"、"琴岛"、"好乐迪"、"苏荷"、"魅力四射"、"金色年代"等演艺娱乐品牌；还有"欢乐星城"、"映山红民间戏剧节"、"好戏天天演"、"国学讲坛"、"老街故事会"、"火宫殿庙会"等群众民俗文化活动品牌，初步形成了红色旅游、休闲娱乐、文化观光三大旅游主题和以"古阁—古街—古巷—古井—古渡—古院—古坊—古馆—古墓"为特色的寻古探史精品旅游线。天心区通过培育文化特色产业，打造文化精品工程，形成了到"火宫殿吃一次饭、田汉剧院看一出戏、黄兴步行街购一回物、湘江风光带散一会步、解放酒吧街泡一场吧"的"六个一"文化休闲娱乐品牌集聚效应和深远的社会影响力。

3. 产业初具规模，经济贡献大

天心区高度重视文化产业在区域经济发展中的重要战略地位，通过不断加大文化产业基础设施的投入，培育发展壮大了以演艺、酒吧、餐饮、购物、休闲、旅游、培训为主导的演艺业、文化娱乐业、商贸商务业、文化旅游业、艺术教育培训业等文化产业主导门类。以服务业、批发零售业、住宿餐饮业为经济贡献主体和主要经济拉动点的第三产业跃为天心区的主导产业，2007 年天心区第三产业总产值 126.7 亿元，同比增长 18.3%，占天心区地区生产总值的64.6%，贡献率为 70.3%，拉动点为 11.94%，其中，文化产业产值约占天心区地区生产总值的 20%，年财政贡献率达 25%。

4. 文化产业项目多，发展后劲足

近年来，天心区依托良好的区位优势、历史文化资源优势、文体教育科技优势，重点实施了黄兴南路商业步行街、坡子街、太平街的新建与改造项目，整治改造了古潭街、西文庙坪等历史街巷，结合有机棚改项目，积极营造大小古道巷等街巷文化，已经完成省府生态景观轴、三馆一中心（指湖南省政府附

近的省地质博物馆、科技馆、省群众艺术馆及省青少年活动中心)、火车头文化广场、湘江风光带等重大文化项目,正在规划建设中信文化广场、世界环保文化博览园、天心阁景区、南湖商务文化区等项目,随着众多文化项目的投入使用,天心区文化产业发展平台将更为广阔。

这些在多方调研分析基础上提炼出来的资源优势是包括笔者在内的天心区"十二五"文化产业发展规划课题组编制多个规划版本的基础。如何让这些资源禀赋发挥最大潜能,需要集中各方面的智慧与支持。我们的一个基本判断是发展文化产业,"文化指纹"并不是唯一决定因素,策划与创意的质量与深度及如何借助媒体与公众传播的力量形成共识反而成为关键。这一理念不只是应用于文化产业,对于其他类型的规划传播(我们甚至认为"规划传播"应作为一个专业概念与专门领域加以研究),长沙在近年来的实践中也是可圈可点,每公布一个规划,便成为新闻由头,从而借助免费媒介传播引发人们对长沙某一点甚至全面的关注,在对未来的展望中,在对美好蓝图一步步实现的进程中,长沙人增强了自豪感与自信心,投资人增强了信心与决心,这调动了更多资源推动区域与城市社会经济的快速发展。由此引发出这样的思考,那就是我们是不是要重新审视规划的价值与功能。回答是肯定的。但规划到底能承载多少功能,具有多大价值,应该如何开拓,依然是不清晰的。这实际上提出了一个极具价值的紧迫而现实的基础理论研究问题。

为了更好说明策划与创意在规划中的作用,激发更多思考,不妨将本文作者为天心区最后尚未开发的空间即该区最南部分设计的、未曾公开过的概念性规划整理如下:

将天心区尚未开发的最南端全部空间作为一个大项目打造,定名为解放国际度假村,即要打造一个全新的大规模的解放国际度假村,将其作为天心新型文化产业示范园"新型"特色的承载者,并与三馆一中心及其他基地提供互动资源。

策划与创意基础:一个容易观察到的事实是天心区甚至长沙市的游客都是匆匆过客,不愿在长沙停留更不用说久留,而天心区与长沙市其他几个区相比,被旅客选定为旅游目的地的动机并不十分强烈,都是奔马王堆、岳麓书院、岳麓山、橘子洲而去。因此，如何利用文化的力量将天心区的深厚文化资源转化为对国内外游客都具有吸引力的旅游服务与产品，进而转化为实实在在的经济与社会效益成为重要命题。"解放国际度假村"就是在深入分析天心区与周边地域文化产业资源的基础上寻找到的一个将文化内涵极为丰富的"解放"概念产品化的具有可操作性的解决方案。

规划范围：

天心区南部保护性开发的大托镇解放垸近万亩以农产品为主的生产基地。

总体目标：

以解放精神的历史溯源、现代诠释、拓展与体验为灵魂，以人身心的可持续发展为方向，打造成为湖南第一、世界著名的多功能大规模度假村，形成文化产业链条与产业集群，引领天心区文化产业的未来发展，积聚长沙人气，提升天心、长沙、湖南、中国的文化形象！

规划定位：

以"环保文化、楚汉文化、红色文化"等文化形态为主题。

规划形成湘江风光带上独一无二、无可替代的融合环保文化、楚汉文化、红色文化、浪漫主义精神、时尚文化、休闲娱乐文化（如特色餐饮文化、茶文化、演艺文化、酒吧文化、棋文化、健身文化、养生文化等）、农耕文化等多形态文化汇流的地带。

远景描述：

①一个毛主席（指橘子洲头青年毛泽东巨型艺术雕像面向东南方）时刻守望、求索与向往的地方！（指解放国际度假村的理念与毛泽东思想为人民寻求彻底解放的观念一致，可以说主席的一生就是寻求解放的一生。）

②一个国际游客在长沙暂住首选、流连忘返的地方！

③一个杨柳低拂、满是诗韵荷香、田园风光的地方！

④一个集中了湖南农家乐精品与特色的地方！

⑤一个解放思想、放松身心的佳境！

⑥一个粽叶飘香的地方！

⑦一个灵气集聚、灵感迸发的圣地！

⑧一个车友、骑友与驴友等人群的理想目的地！

……

发展重点：

1. 充分发挥文化的隐喻功能，通过将其转化为可体验的文化产品来实现经济效益与社会效益。将"解放"概念的内涵拓展，并使之可视化、产品化、氛围化，使游客不仅得到生理上的愉悦，更能有深度的精神体验与情感共鸣；将天心区北部全国知名的解放路与南端的"解放垸"地名中的"解放"二字对接起来，将"解放"概念的内涵放大，并与区内已成为红色旅游景点的湖南一师范建立链接，建立起与解放概念的逻辑联系：从政治意义的解放到身心放松、寻求身心可持续发展的自我解放，为强化这一联系，可集聚革命领导人物旧居、革命与解放历程中的著名旧址等仿建筑物，如遵义会议楼、八角楼等，并使这些建筑物不停留在景观层面，而是实用化，变成多功能集住宿、餐饮、休闲于一体可供游客亲身体验的或短期或长期的度假基地。

2. 新解放路与解放国际度假村牌楼

为强化"解放"概念的直观体验性，可在天心南部解放垸建一条连接湘江大道的大街，取名"新解放路"，以示与北部已有的解放路相区别，并在江边显著位置建设标志性的"解放国际度假村"牌楼，牌楼的对联可用如卜字样："三间大夫，魂兮归来；屈贾之乡，浪漫源头"，（意在突出以往长沙对屈原宣传不够的问题，更值一提的是国人骨子里的中国式浪漫主义已凭借北京奥运会开幕式在全世界大放光芒）。

3. 红色文化深度体验馆

这是天心区抢滩湖南红色文化高地的一个重大举措，这一项目的实施可使政治意义上的"解放"概念有效产品化，使得解放国际度假村名正言顺。

具体运作除运用常用的资料图片等展览方式外，可用声光电等高科技手段、多媒体手段生动展现中国革命历程。亦可用沙盘、模型等方式微缩革命领导人故居、革命与解放旧址等，形成红色"世界之窗"！在体现特色的同时，可将红色电影、革命电影以及相关视频资料信息以"红色文化深度体验馆"名义精心设计、重新包装出售，利用产品形成新的传达室播载体与影响力，助推度假村的发展。

4. 屈原村（可定位成中国文化名人村）

将屈原与毛泽东的关系通过直观方式加以展现，如拍摄名为《屈原与毛泽东》纪录片或影视剧等。集中全国各地屈原祠特色，在度假村内打造"屈原村"，村内可聘请一流园林设计单位与承建企业打造屈原诗意境，让游客对发端于屈原的浪漫主义文化有深度体验。特别是注重将学术界的最新研究成果"屈原故里在湖南汉寿"观点在屈原村中得到直观鲜明的体现。还一个可以联想的逻辑是：如果要打造一个全国有史以来的文化名人村，选一个人来命名村名的话，这个人非屈原莫属，而要为这个村找个合理的安置地的话，非天下之中心即天心区莫属。因此屈原村在文化理念上可打造成中国文化名人村。村门楼对联可用屈原名句："路漫漫其修远兮，吾将上下而求索"。村的面积要大，可种大片粽叶，除观光价值外，可利用端午节、五一节来开发这些资源。

5. 在度假村内打造"世界环保文化博览园"。

规划范围：

大托镇解放垸的兴隆村，西临湘江，与岳麓山隔江相望。

规划定位：

以环保博览为主题，以环保产业为核心

发展方式：

①建设"世界环保文化博览园"主题公园。

②以环保教育研发区、环保商贸综合区、环保示范居住区等配套项目，以商务会展为支撑，营建富有活力的综合性功能园区，形成旅游、文化、教育等产业与居住相结合的大型复合文化产业园。

③建成国际环境保护组织大会永久会址、三湘文化之窗主题乐园、高科技及环保产业总部中心、欧洲同步教育基地等。

④打造成国内乃至国际环保业界交流的平台，作为世界顶尖环保材料的展示基地和展示窗口。

6. 大托影视基地

在度假村内打造"大托影视基地"。以影视拍摄为主，利用影视基地形成更多景点，在助推解放国际度假村的内容建设的同时形成更多对外宣传度假村的平台，同时亦可吸引海内外影视导演们纷纷前来考察、取景拍戏。同时，积极发展为影视拍摄提供各类配套服务的行业，既能提供专业制景、设备车辆租赁、道具服装化装等方面的服务，又有庞大的群众演员队伍。此外，影视产业的崛起，也有利于推动天心休闲旅游业的发展，如有利于基地宾馆、游乐园、夜总会、桑拿中心、演艺中心、健身中心、保龄球馆等齐备配套设施效益的最大化。游客将在此体验影视，享受乐趣。影视基地应坚持"影视为表、旅游为里，文化为魂"的经营理念，实现影视基地向助推度假村跨越式发展的方向的转变，旅游产品由观光型向休闲体验型转变，游客将可深度体验影视拍摄、享受度假休闲乐趣。

7. 利用"解放国际度假村"概念整合大托已有的占地面积接近600亩的用仿古建筑运作现代文化的大托生态科技文化中心、休闲垂钓文化园等，利用紧邻湘江风光带的优势，发展太空农业、观光农业、休闲农业，借鉴成都新农村建设的成功经验，大量引导农民发展蔬菜、水果、花卉苗木和农家乐，建立葡萄园、橘园、柚园、柿子园等，利用城郊接合部的有利条件，大力发展周末经济，使城里人来了可种植、可采摘、可饲养、可垂钓、可食用、可游玩、可带走，获得"解放"概念的丰富内涵所带来的多重体验。

从策划与创意的视角来看，这一方案最微妙与激动人心的地方在于：借助"主席的眼光"（橘子洲头现建有毛泽东主席巨型塑像，眼光望向东南即天心区之南）即"那一眼"的力量，整合了诸多不同质历史、现实与文化资源，达到有机统一，依此思路发展下去，必将形成激活蓝墨水源头，通过多种渠道影响世界的巨大力量。长沙现定位为国际文化名城，对世界的吸引力已越来越大，昔日的橘子洲现经政府投入14亿元巨资全面改造，已焕然一新，随着地铁与过江隧道的开通，大容量接纳游人将成现实，而如何以优质服务消化庞大的富有购买力的人群侧可能成问题。橘子洲头已借主席的《沁园春·雪》名扬天下，当世人来到橘子洲头，循着"主席"眼光望去，发现还有一个解放国际度假村时，那肯定是意外惊喜与收获。

有位哲人曾精辟判断：科学对社会现象与自然现象认知的最大区别是人们

对自然现象是距离越近，认识得越清楚；而人们对社会现象则是距离其越远（置于历史的过程中），才能认识得越清楚。①

这一方案中的创意内核"主席的眼光"，"那一眼"的力量似乎可带给我们这样的思考，表面上看怎么样都是风马牛不相及的各种资源却可借助于微小的创意点有机聚合产生聚变效应，再无限放大，无限衍生，无限辐射，实现无限多的可能性。

当然，这个方案在真正实践中会遇到诸多难题，可能存在很多不完善的地方，

但作为一种创意方向，具有无限放大的可能，可以为我们打开新的视角，提供新的思考方式与行动可能性。

国家级长沙天心文化产业试验园区的未来发展如能跳出问题看问题，创新发展方式，将不仅有更大的空间与机遇实施总部经济、项目带动、品牌发展、产业集聚、资本运营等战略，赢得远超文化产业本体发展带来的利益，而且会激活蓝墨水的源头，形成整合了历史与现实的"城市之魂、浪漫之源"，形成真正的"天下之心"，实现华丽转身，影响世界，带给世人以巨大的惊喜！

---

① 张京祥. 西方城市规划思想史纲 [M]. 南京：东南大学出版社，2005：1.

第十五章

广告产业管理

广告带给我们的是一个传奇的世界。但这个观念直到今天才被普遍认识与接受。当今，我国已是世界第二大广告市场。2012 年 1 月 14 日起连续三天，中国中央电视台经济频道经济半小时栏目播出三集专题片《广告的力量》，被视作官方从改革开放到现在已经走过的三十余年间对中国广告业的首次正面舆论定调。这得益于广告与文化产业的密切关联被深度揭示。因而挖掘广告产业的潜能也就能引领着文化产业大潮更大动能地滚滚前行。这三十年对于稚嫩的中国广告业来说是十分艰难而又关键的三十年。由于我国现代广告业起步较晚，而我国广告市场对外开放的时间却比较早。因此，处于相对弱势群体位置的我国本土广告业更大程度上易受国家政策的影响。纵观我国广告业发展这三十年，国家管理政策在其发展过程中起了十分重要的作用，尽管并不完全是正向推动的，总体而言经历了一个从限制控制式管理到规范发展推动的服务式管理的过程，关于广告的认识理念呈现较清晰提升拓展的变化曲线。另外，广告由于深度介入社会经济发展的很多层面，成为观察较复杂社会问题的一个成本较小而效率较高的"窗口"。显然，管理政策视角是一个易于理解的广告产业发展"晴雨表"。因而，中国当代广告管理史可称得上一部信息含量丰富的中国当代广告史。

三十年来，中国广告业的政府管理部门主要是中华人民共和国工商行政管理总局及国家发展和改革委员会。前者主要是对广告市场进行监督管理与维持市场的正常运转，后者则主要负责广告产业发展规划的制定。此外，广告作为大众传播媒体内容的一部分，除了促进商品销售功能外，还具有其他大众传播承载的内容所具有的社会效应, 如影响受众的消费观念等, 因此政府部门大力进行广告监督管理, 对其发布环节进行"把关"。同时广告涉及的面比较广, 因此需要政府各相关部门相互配合才能更科学合理地加以管理。某些特种广告, 如医药类广告, 不仅是受工商行政管理局管理, 而且卫生部、国家中医药管理局、国家食品药品监督管理局也会参与管理。在广告的传播渠道方面, 广告还会受到媒体的主管部门, 如中央宣传部、国家广播电视总局以及新闻出版总署等相关机构的管理。对于与外商有关的广告则除受工商行政管理局管理以外, 商务部等相关机构也会介入。总之, 广告业是一个与各行各业有着密切关系的产业, 其制作、发布过程的复杂性以及广告自身的特性决定了它不会孤立地受某一个部门的影响, 而正是由于管理部门的复杂性, 使广告产业受政策的影响的力度较一般行业更为严重。从改革开放至今, 我国各级政府部门制定的有关广告的法律文件近千件之多, 其中《中华人民共和国广告法》作为中国第一部关于广告的法律, 为我国广告行业的健康发展提供了法律依据。而另外的管理法规以及规范、规章则对广告业的各个细节进行的规定, 是对《广告法》的延伸及补充。这些法律法规与规章则成为我国广告管理部门对广告业进行监督管理的重要依据。各职能部门也依据这些法规制定各部门的工作流程, 以更好地对广告业进行管理。但总体上说, 我国政府职能部门一度对广告业重在监管, 而对广告行业的发展规划则缺少力度。但今天相关部门已在实践崭新的发展理念。本章从广告产业政府管理这个角度来审视中国广告三十年, 梳理三十年中国广告业政府管理体系及其变迁, 并发生出一些个人思考。

一、三十年中国广告产业政府管理体系及其变迁

广告产业作为一个与经济发展及精神文化方面发展均有密切关联的特殊产业, 在改革开放之初广告市场放开伊始就接受着来自各方面的监督。而政府的监督在我国广告监管体系中一直占据着主导地位。

1979 年 1 月 4 日,《天津日报》率先恢复商业广告。同年 1 月 28 日, 上海电视台播出了我国大陆电视史上第一条商业广告——参桂补酒广告, 揭开了我国改革开放后媒体刊登广告的序幕。这一年, 第一条电视外商广告也富于戏剧性，当世界还在对中国市场犹豫不决地观望，永不磨损型 RADO 瑞士雷达表展现出惊人的洞察力，在未铺货的情况下先以英文广告进入中国，奠定其在腕表市场的领先地位，以永不磨损的想象力创造历史与引领未来。同年 11 月，中共中央宣传部发布《关于报刊、广告电台、电视台刊登和播放外国广告的通知》，这是新中国第一份真正意义上对广告工作做出明确指示的文件。《通知》提出"调动各方面的积极因素，更好地开展外商广告业务"。在这一时期，中国的广告产业还处于起步阶段，媒体刊登的广告也极其有限，因而这时广告的政府管理着重在广告的发布环节，这一时期的广告相关规定与发布审核主要由中央宣传部负责。在《通知》中，中宣部代表政府提出"广告宣传要着重介绍'四化'建设中可借鉴参考的生产资料"，"消费品除烟酒外，也可刊登"。反映在现实中，媒体中出现大量的现在觉得很难理解的面向大众的生产资料广告景观，在消费品电视广告中，能出现擦眼镜布这种类型商品。这表明这一时期政府主要是希望通过中宣部的文件为广告业发展破冰，同时也可以看出政府已经意识到广告业在经济建设中的作用。这一积极的举措为中国广告业的迅速发展提供了良好的政策支持。

　　1982 年 2 月 6 日，国务院发布了我国第一部全国性、综合性的广告法规《广告管理暂行条例》，将我国的广告监管工作推进到一个新时期。这时制定的广告法规主要考虑到广告在促进社会生产、扩大商品流通、指导消费、活跃经济、方便人民生活以及发展国际经济贸易等方面，发挥了积极的作用。但是，由于广告工作是摸着石头过河，无法可依，经营广告的单位各自为政，在广告内容、广告设计和广告经营等方面，都存在着一些混乱现象。有的广告内容完全虚假，欺骗消费者；有的经营单位单纯为了赚钱，在宣传某些商品特别是外国高档消费品时，不顾国家的政策与国情，造成了很坏的社会影响。为了克服广告工作中的混乱现象，坚持社会主义经营方向，使广告更好地为广大消费者和用户服务，为建设社会主义的物质文明和精神文明服务。该条例规定"广告的管理机关是工商行政管理总局和地方各级工商行政管理局"。这表明我国对广告业的监管开始走上了正式的轨道，广告管理部门进行广告监管也开始有法可依。《条例》对广告公司经营许可、广告内容审核、外国广告等方面进行了整体上的规定，为广告监管画出了一个大概的轮廓。该条例第十六条规定："对于违反本条例规定的广告刊户和广告经营单位，群众有权进行监督，有权向工商行政管理部门检举、揭发"。这表明政府开始认识到非政府力量在广告监管中的重要作用。

1982年6月5日，工商行政管理总局发布《广告管理暂行条例实施细则》试行的通知和《关于整顿广告工作的意见》，对广告运行过程中的各种问题做了更为细致的规定，这可视作广告主管政府部门对广告监管所做出的重要解释。

1982年7月28日，经国务院批准，中华人民共和国工商行政管理总局改为中华人民共和国国家工商行政管理局，内设机构中包括广告监督管理司。这标志着我国广告政府管理有了具体的责任部门，同时也意味着广告业的快速发展，已经获得政府部门的高度重视，政府对广告的监管上升到一个新的层次。广告监督管理司的主要职责为拟订广告业发展规划、政策措施并组织实施；拟订广告监督管理的具体措施、办法；组织、指导监督管理广告活动；组织监测各类媒介广告发布情况；查处虚假广告等违法行为；指导广告审查机构和广告行业组织的工作。

1983年12月27日，中国广告协会成立，这是至今为止中国最大的广告行业自律组织。中国广告协会是经民政部批准登记的具有社团法人资格的全国性广告行业组织，其办事机构是国家工商行政管理局的直属事业单位。其主要职能是在国家工商行政管理局的指导下，按照国家有关方针、政策和法规，对行业进行指导、协调、服务、监督，加强行业自律，建立和维护良好的广告经营秩序，反对不正当竞争，坚持广告的真实性，提高广告的思想性、科学性和艺术性；向社会提供广告行业法律咨询服务，调解行业内、外部纠纷。同时中国广告协会的成立也为广告行业自律提供了一个很好的平台，为广告行业自律水准的提高提供了新的契机。

改革开放后，外商广告首先进入中国，考虑到当时"有些广告热衷于吹嘘国外的东西，贬低我们自己的产品，有失民族尊严"。国务院办公厅于1985年11月15日发布《关于加强广告宣传管理的通知》指出，"经营外商广告，必须经省级以上工商行政管理机关批准"。这对外商广告市场的进入设置了更高的门槛。

广告涉及范围广，监管难度亦大。为了更好地规范广告活动，国家工商行政管理局采取经常与其他相关行政部门联合行动方式监督管理广告，通过总结广告市场出现的各种问题来制定各种单行广告规章。

针对广告活动中的费用与税收问题，国家工商行政管理局曾分别与财政部、国家物价局、国家税务局、审计署等相关职能部门联合发布广告规章。如 1985 年 9 月 19 日，国家工商行政管理局、财政部联合发布《关于对赞助广告加强管理的几项规定》，对广告市场中出现的强行摊派赞助费用、索要财物、提取回扣等违反国家财务制度的行为进行规范。1988 年 12 月 30 日，国家工商行政管理局、财政部、国家物价局颁布《关于对举办临时性广告经营活动的单位登记收费问题的通知》，对举办临时性广告经营活动的登记收费问题进行管理。1990 年 10 月 12 日，国家工商行政管理局、财政部、国家税务局、审计署联合颁布《关于在全国范围内实行"广告业专用发票"制度的通知》，希望通过在全国范围内统一实行"广告业专用发票"来解决广告业中出现的广告费用管理问题，如对假借广告费搞请客送礼等不正之风，挥霍了国家、企业的钱财；向企业乱摊派广告费，摊入成本，加大开支；偷税漏税，减少国家财政收入等进行监督管理。

随着改革开放的深入，外商广告也逐渐进入，针对与外商有关的广告，国家工商行政管理局会同相关部门，如商业部、经贸部等相关部门进行规划整治。如 1987 年 4 月 10 日，国家语言文字工作委员会、商业部、经贸部、国家工商局印发《关于企业、商店的牌匾、商品包装、广告等正确使用汉字和汉语拼音的若干规定》的通知，对各种广告的汉字与汉语拼音进行规范。1988 年 9 月 15 日，国家工商行政管理局、经贸部联合发布《关于举办来华经济技术展览会等经营广告审批办法的通知》以加强对举办来华经济技术展览会等活动的管理。根据这一通知，有举办来华展览会经营权而无广告经营权或有广告经营权但经营范围中不含展览广告业务项目的单位，在举办来华展览会期间，利用展出场地、会刊、画册等媒介或形式为非参展企业设置、刊登来华广告收取广告费的，国务院所属单位事先应征得经贸部同意，各地方单位事先应征得各省、自治区、直辖市、计划单列市经贸厅（委、局）同意，并报工商行政管理机关批准（经对外经济贸易部同意的，报国家工商行政管理局批准；其余的，报所在省、自治区、直辖市工商行政管理局批准），发给《临时性广告经营许可证》后，方能经营上述广告业务。1989 年 4 月 24 日，为了进一步促进我国与韩国民间经济贸易往来，使之更好地为发展我国有计划的商品经济服务，国家工商行政管理局、经贸部颁布《关于对韩国企业在我国刊播广告进行管理有关问题的通知》，对其广告内容及广告代理企业进行的严格的规定。1994 年 11 月 3 日，国家工商行政管理局、对外贸易经济合作部发布《关于设立外商投资广告企业的若干规定》，为正确引导外商投资企业健康发展，加强外商投资企业审批和登记管理进行了规定。1995 年 5 月 17 日，国家工商行政管理局与对外贸易经济合作部发布《关于外商投资广告企业设立分支机构有关问题的通知》，对外商投资广告企业的广告经营中分支机构问题进行规定。2004 年 3 月 2 日，为配合中国加入 WTO，国家工商行政管理总局、商务部联合发布《外商投资广告企业管理规定》，对外商投资广告企业进行规定。2006 年 4 月 11 日，国家工商行政管理总局、商务部联合发布《关于外国投资者通过股权并购举办外商投资广告企业有关问题的通知》对外国投资广告企业进一步做出规定。

作为与广告密切相关的媒体，其主管部门也参与到广告的监管之中。国家工商行政管理局与中央宣传部、国家广播电影电视总局、新闻出版总署相互协调，针对广告内容存在的问题，发布多项规章，对广告业进行监管。由于中央宣传部、国家广播电影电视总局、新闻出版总署这些部门主要是从广告的社会责任方面来审视广告，因此，这种规章一般也是从广告的内容对社会的影响来规定广告的具体运作。如 1985 年 4 月 17 日，国家工商行政管理局、广播电视部、文化部联合颁布《关于报纸、书刊、电台、电视台经营、刊播广告有关问题的通知》，对有些媒体编辑部门和个人，未经登记批准就擅自经营或代理广告业务；新闻单位为了"捞钱"，刊播所谓"新闻广告"，混淆了新闻与广告的界限；电视台、电台在新闻节目中，中断节目，插播广告以及一些未经批准的企业、报刊、图书刊播广告等损坏新闻的信誉，影响社会主义新闻和广告事业的健康发展的问题进行具体的规定。1988 年 7 月 5 日，新闻出版署发布《关于出版物封面、插图和出版物广告管理的暂行规定》，针对出版物的封面、插图及内容介绍、广告宣传品中出现的不利于社会主义精神文明建设的内容进行禁止。1990 年 3 月 15 日，国家工商行政管理局、新闻出版署为了整顿报社、期刊社和出版社经营广告业务的秩序，加强对出版物广告的管理，联合发布《关于报社、期刊社和出版社刊登、经营广告的几项规定》对期刊媒体经营广告的条件进行规定。1994 年 8 月 15 日，新闻出版署与国家工商局发布《关于禁止以报纸形式印送广告宣传品及对印刷品广告加强管理的通知》，对当时以报纸形式印送广告宣传品的行为进行严格禁止。2001 年 2 月 5 日，国家工商行政管理局、国家广播电影电视总局、新闻出版署颁布执行《关于进一步加强对大众传播媒介广告宣传管理的通知》，对大众传媒广告内容再次进行规定，通知中指出，在我国，广告是促进经济发展、传播精神文明的重要手段，各类大众传播媒介的广告宣传，要坚持为社会主义"两个文明"建设服务的正确方向，在广告经营发布活动中应严格遵守国家的法律、法规和有关宣传政策，不得为追求经济利益发布虚假违法广告。同时也指出广告监管过程中要充分发挥广告审查员的作用，实行广告审查员"一票否决制"，未经广告审查员签字的广告不得发布，这一规定对广告发布的条件做出了更为严厉的限制。为贯彻党的十六大精神和"三个代表"重要思想，落实《公民道德建设实施纲要》，充分发挥公益广告对社会主义物质文明和精神文明建设的促进作用，2002 年 12 月 27 日，中共中央宣传部、中央文明办、国家工商行政管理总局、国家广播电影电视总局、新闻出版总署联合发布《关于进一步做好公益广告宣传的通知》，对广播电台，电视台，报纸期刊等大众传播媒介公益广告的发布数量与时间进行定量规定。这对促进我国公益广告的发展提供了一个很好的政策支持。2004 年 4 月 9 日，为打击虚假违法广告，维护广告市场秩序，中央宣传部、国家工商行政管理总局、国家广播电影电视总局、新闻出版总署再次联合，发布《关于清理含有不良内容广告的通知》，对新闻媒体中存在一些违反社会主义精神文明建设要求，内容格调低下、用语粗俗、滥用成语、内容虚假的广告，进行禁止与处罚。同时该通知也对广告的非政府监督进行了明确的说明，通知第五条指出，各有关部门要相互配合，加强协调，综合治理不良广告。一要建立党委宣传部牵头，工商行政管理、广播影视、新闻出版部门参加的联席会议制度。联席会议要根据实际情况提出不同时期的治理重点，对现行法规界限不清而广大群众反映强烈的不良广告提出处理意见。二要建立各部门工作情况通报制度。工商行政管理机关依法查处不良广告，要及时将有关情况向同级党委宣传部和广播影视、新闻出版等部门通报；各级党委宣传部和广播影视、新闻出版部门要及时向新闻媒体通报广告发布中带有倾向性和普遍性的问题，责令不良广告问题突出的新闻媒体进行整改。三要共同做好群众投诉举报问题的处理工作。对于群众投诉举报的不良广告，各部门要充分发挥职能部门作用积极协助解决，对于一时解决不了的问题，要主动沟通信息，研究解决办法。由此可见，政府部门已经开始重视群众在广告监管方面的作用。2004 年 12 月 15 日，国家工商行政管理总局、国家广播电影电视总局、信息产业部联合发布《关于加强对卫星电视广播地面接收设施销售和广告监督管理的通知》加大对境外卫星电视传播秩序的监管力度，对违反《关于进一步加强卫星电视广播地面接收设施管理的意见》规定发布广告的广告主、广告经营者、广告发布者予以处罚。2007 年 2 月 27 日，国家工商行政管理总局、新闻出版总署发出《关于加强固定形式印刷品广告监督管理工作的通知》，对固定形式印刷品广告与期刊出版物进行区分，对其广告运营进行了详细的规定。

对一些特殊产品的广告，国家工商行政管理局单独或会同有关部门进行专项监管。与特殊产品相对应的特种广告，是狭义上指一些直接关系广告受众身体健康与安全的，科技含量高，广告受众对其的价格、质量、性能等商业信息、科技信息资源占有量少，难以做出客观评价的特殊商品或服务的广告，如医药广告。广义上还包括受众的特殊性，如针对儿童的广告。特种广告的特殊性导致政府部门对其管制更为严厉①。其中，我国关于医药有关的特种广告法规与规章就有很多，这些法规与规章构成了我国医药广告政府管理的法律依据。对医药广告市场的管理国家工商行政管理局主要与卫生部、国家食品药品监督管理局等相关部门合作，根据医药广告市场中出现的问题进行监管。1987 年 3 月 25 日，卫生部、国家工商行政管理局、广播电影电视部、新闻出版署发布《关

---

① 饶世权. 特种广告的法律规制 [J]. 商业研究, 2005 (12).

于进一步加强药品广告宣传管理的通知》，对药品广告，包装等进行了规范。
1987 年 12 月 5 日，国家工商行政管理局，国家医药管理局发布《关于加强五种医疗器械产品广告管理的通知》，首先停止所有广告经营单位刊播人体增高器、磁疗器、丰乳器、近视治疗器、A 氏治疗机五种医疗器械产品的广告，再对需要继续进行广告的这类企业进行严格的审核，制定审核规则，有力地规范了当时的医疗器械广告市场。1992 年 6 月 1 日，国家工商局，卫生部为了加强对药品广告的管理，保证药品宣传真实、科学、准确，合理指导用药，保障人民身体健康，根据《中华人民共和国药品管理法》和《广告管理条例》的有关规定，制定颁布了《药品广告管理办法》。其中规定，"药品广告的管理机关是各级工商行政管理机关，药品广告内容的审查批准机关是国务院卫生行政部门和各省、自治区、直辖市的卫生行政部门"。对药品广告的审批，管理以及广告运营中所涉及到的责任问题进行了详细的说明与规定。2001 年 1 月 12 日，国家药品监督管理局、国家工商行政管理局《关于加强处方药广告审查管理工作的通知》，对处方药品广告进行了更大力度的监管。同年 2 月 8 日，国家药品监督管理局、国家工商行政管理局、新闻出版署联合发布《关于公布允许刊播处方药广告的第一批医药专业媒体名单的通知》，对处方药广告的内容以及发布媒体做出了明确的规定。同年 3 月 23 日，国家药品监督管理局、国家工商行政管理局发布《关于国家药品监督管理局停止受理药品广告申请的通知》，决定自 2001 年 5 月 1 日起，国家药品监督管理局停止保护期内的新药、境外生产的药品及利用重点媒介发布的药品广告的审查工作。2001 年 11 月 5 日，国家药品监督管理局、国家工商行政管理总局发布《关于加强药品广告审查监督管理工作的通知》指出，根据新修订的《药品管理法》规定，处方药不得在大众传播媒介发布广告或者以其他方式进行以公众为对象的广告宣传。2002 年 9 月 28 日，为保证药品广告宣传与药品监督管理法规相一致，进一步规范药品广告发布行为，贯彻实施《药品包装、标签和说明书管理规定（暂行）》和《药品包装、标签规范细则（暂行）》，国家药品监管局、国家工商总局发布《关于药品广告受理审批有关问题的通知》。2007 年 3 月 3 日，国家工商行政管理总局、国家食品药品监督管理共同颁布《药品广告审查发布标准》，废止 1995 年 3 月 28 日国家工商行政管理局令第 27 号发布的《药品广告审查标准》，制定了新的药品广告审查发布标准。2007 年 3 月 13 日，国家食品药品监督管理局、国家工商行政管理总局颁布《药品广告审查办法》，该办法第四条规定"省、自治区、直辖市药品监督管理部门是药品广告审查机关，负责本行政区域内药品广告的审查工作。县级以上工商行政管理部门是药品广告的监督管理机关"，第五条规定"国家食品药品监督管理局对药品广告审查机关的药品广告审查工作进行指导和监督，对药品广告审查机关违反本办法的行为，依法予以处理"。对于更为特殊的产品，如烟草，政府明令禁止烟草利用大众传播媒体发布广告。在《广告法》、《广告暂行条例》等广告法律法规中都有相关的规定。国家工商行政管理局也利用各种单行规章对烟草广告的各种形式进行严格监管与禁止。如 1994 年 11 月 15 日，国家工商行政管理局发布《关于禁止在广播、电视、报刊上变相为卷烟作广告的通知》，禁止变形的为烟草做广告的行为。1995 年 12 月 20 日，国家工商行政管理局发布《烟草广告管理暂行办法》对烟草广告进行的全面的管理。值得一提的是，2003 年 2 月 21 日，卫生部、国家工商行政管理总局发布《全国无烟草广告城市认定实施办法》，一改以前对不符合规定的广告采取惩罚的办法，转而采用对无烟草广告城市进行鼓励的措施来对广告市场进行管理。

随着广告市场的发展，实际广告监管过程中遇到的问题也越来越多，广告监管环境也更为复杂，为了更为有效地对广告进行监管，国务院、国家工商行政管理局对原有的《广告管理条例》以及《广告管理条例施行细则》进行了修改，于 1987 年 10 月 26 日，由国务院颁布《广告管理条例》，1988 年 1 月 9 日，由国家工商行政管理局发布《广告管理条例施行细则》。针对广告市场所出现的新问题进行的规定与解释。其中，《广告管理条例》第五条 规定"广告的管理机关是国家工商行政管理机关和地方各级工商行政管理机关"。第二十条 规定"损害赔偿，受害人可以请求县以上工商行政管理机关处理。当事人对工商行政管理机关处理不服的，可以向人民法院起诉，受害人也可以直接向人民法院起诉"。1998 年 12 月 3 日，国家工商行政管理局对 1988 年《广告管理条例旅行细则》进行修订，2004 年 11 月 30 日，国家工商行政管理总局根据广告市场的新形势，再次对 1988 年的广告管理条例进行修正，颁布了新的《广告管理条例施行细则》对广告监管中出现的新问题进行了规定。

1994 年 10 月 27 日，第八届全国人民代表大会常务委员会第十次会议通过《中华人民共和国广告法》，开始了广告法制建设突飞猛进发展的新阶段。截至当时，这是自新中国成立以来所制定、颁布的一部最系统，最完整，且具有最高法律效力的广告法律。其颁布是我国广告立法及管理历史上一件具有里程碑意义的大事，标志着我国广告法制建设进入了一个新的历史时期。《广告法》对广告经营的各个方面进行了总体性的规定，包括总则、广告准则、广告活动广告审查、法律责任以及附则这六个部分。总则部分对广告运营中的主体：广告主、广告经营者、广告发布者进行的明确的定义，并在第六条规定"县级以上人民政府工商行政管理部门是广告监督管理机关"，相比以前法规中"广告的管理机关是国家工商行政管理机关和地方各级工商行政管理机关"，《广告法》中规定的广告监督管理机关更加具体，并且这一规定一直沿用至今。这样的规定一方面是考虑到县级以上工商行政管理部门在广告监管方面更具权威性，广告监管的方法也更加科学，同时广告监管的经验也比较足，能够更为有效、更加准确地对广告进行监管。广告准则这一章则主要对广告内容进行的规定，相对于《广告管理条例》加进了广告内容对未成年人和残疾人、环境保护等方面的限制。如第八条规定"广告不得损害未成年人和残疾人的身心健康"。同时对特种广告，如药品广告、农药广告、烟草广告等进行了明确的规定与限制。在广告活动一章，对广告经营的各个主体行为进行规范。而广告的审查中则强调"利用广播、电影、电视、报纸、期刊以及其他媒介发布药品、医疗器械、农药、兽药等商品的广告和法律、行政法规规定应当进行审查的其他广告，必须在发布前依照有关法律、行政法规由有关行政主管部门（以下简称广告审查机关）对广告内容进行审查；未经审查，不得发布"，对广告审查制度进行了法律上的规定。另外还对广告行为中的责任问题进行划分，对各种违反广告经营原则行为的处罚办法进行了相应的规定。随着广告法制的健全，1997 年 3 月 14 日颁布的《中华人民共和国刑法（修正）》222 条也规定虚假广告罪，规定"广告主、广告经营者、广告发布者违反国家规定，利用广告对商品或者服务做虚假宣传，情节严重的，处二年以下有期徒刑或者拘役，并处或者单处罚金"。这表明我国在广告监管方面已经有了明确的刑事法律惩罚制度，对广告刑事违法行为有了具体的处罚法律依据。也从另外一个方面说明我国广告违法行为已经开始由最开始的无知到有意识地做擦边球广告甚至触碰底线。此后至2008年，依然是管制性文件规章较多，2008年后，偏向激励与发展举措来支持广告发展，发掘广告的更多功能。2015年4月24日第十二届全国人民代表大会常务委员会第十四次会议通过新修订的《中华人民共和国广告法》，通称新广告法，自2015年9月1日起正式施行。这是广告法实施20年来首次修订。此次广告法修改的幅度非常大，被称为史上最严广告法，其中除了明确虚假广告的定义和典型形态、新增广告代言人的法律义务和责任、强化对大众传播媒介广告发布行为的监管力度等多个方面外，特别增加公益广告条款。

　　自1982年2月，国务院发布《广告管理暂行条例》，开启改革开放后我国广告监管序幕，到1994年10月《中华人民共和国广告法》正式颁布实施及2015年重大修订，标志着中国广告业法制建设进入了新阶段。中国1994年颁布广告法时，全国广告营业额为280亿元，到2014年已达5605.6亿元，年均递增17.2%，成为中国增长最快的行业之一。中国广告市场总体规模已居全球第二位。

　　改革开放以来，中国经济持续快速发展给广告业的发展带来了巨大的机遇，从1981年至1992年的11年间，我国广告业一直以40%的速度发展。到1992年底，全国广告营业额达到67.86亿元。2012年年初国家工商行政管理总局将2012年定为"广告发展年"，提出实施国家广告战略，战略思路是落实"把发展广告业作为服务和促进经济发展的又一个亮点"。中国广告业迎来新的历史机遇。2012年我国广告营业额达4698.28亿元，年增长50.32%，创自1993年以来最大增幅。广告业已经成为不可忽视的产业。随着市场经济的深入，我国政府也开始对广告在社会主义市场经济中的作用有了认识。同时对广告业的扶持政策也相继出台。1993年7月10日，国家工商行政管理局会同国家计委联合发布了新中国成立以来第一部广告业发展的规划纲要《关于加快广告业发展的规划纲要》。纲要总结了改革开放以来 我国广告业所取得的成绩和存在的不足，对广告业的改革与发展做出了基本规划，对于推动我国广告业以崭新的姿态迈向新世纪，促进我国广告业迅速提高产业水平，帮助我国产品开拓占领国内、国际市场，发展我国社会主义市场经济具有重要的意义。《纲要》对广告业的性质概括为"知识密集、技术密集、人才密集的高新技术产业"，指出"发达国家的经济发展实践证明，发达的广告业可以促进经济资源的合理配置，取得更加丰富的物质产品和精神产品，因此，广告业是市场经济不可或缺的独立的产业这一"。确立了今后我国广告管理体制的基本框架——"以代理制为基本运营制度，以广告发布控制为保障，充分发挥行业自律作用的新体制。按照新体制运作，将逐步推进广告产业化里程，分期付款规律性、竞争规律充分发挥作用，推动广告来资源进行合理流动和配置，形成广告业发展的良好环境"。提出广告业发展的总体目标，即："到本世纪末，形成心具有综合服务能力的广告公司为主干，以高效畅通的媒介网络为支撑，能够提供全方位、多层次、高质量、高效益服务的广告促销体系和信息结构体系"。① 这是我国首次将广告定位为"三高"行业，也首次对广告来的发展提出了规划。这对中国广告产业的发展开启一个非常有用的政策支撑，创新了管理思维与方式。一方面国家对广告业有了新的认识，另一方面加上中国经济的推动力，使我国广告市场飞速发展。到2007 年，全国共有广告经营单位 17.3 万家，从业人员 111.3 万人，经营总额达到 1741 亿元人民币，已成为一个具有一定规模、推动民族品牌创建和创意经济发展的重要产业进入了国际广告市场前列。② 2010 年广告营业额达到 2341 亿元，广告经营单位达到 24.3 万户，广告从业人员达到 148 万人。进入新千新，广告市场也出现了一些新的问题与契机，在总结研究后，2008 年 4 月 23 日，国家工商总局、国家发展改革委公布《关于促进广告业发展的指导意见》，重申了广告业的"三高"性质，提出了促进广告业发展的指导思想、主要目标和任务。指出广告业发展的主要目标和任务是：加快行业结构调整，促进广告产业的专业化、规模化发展，提升广告策划、创意、制作的整体水平；积极推动新兴广

---

① 国家工商局广告司，《关于加快广告业发展的规划纲要》简介，工商行政管理，1997（15）。

② 国家工商总局、国家发展改革委《关于促进广告业发展的指导意见》，工商广字［2008］85 号。

告媒体的发展与规范；以中华民族优秀品牌战略为基础，以广告企业为主干，以优势媒体集团为先导，形成布局合理、结构优化的广告产业体系；广告经营总额继续保持较快增长，使广告业总体发展水平与全面建设小康社会和市场经济的发展水平相适应。同时，也提出广告人才的培养教育机制，加快广告专业人才培养，健全广告专业技术人员职业水平评价制度，加强广告从业人员知识更新研修基地建设。制定了一系列完善广告业发展的政策措施不力，包括健全广告法律制度，加大政策扶持力度，完善广告业发展机制，拓宽广告业投融资渠道，增强本土广告企业竞争力等等。这一系列的措施都是针对我国广告业的实际情况而制定的，具有很强的针对性与政策性，对于我国本土广告企业的扶持，广告市场的培育起到了积极的作用。《意见》中也提出加强广告理论研究和广告史料保护，这表明我国对广告业已经从单纯市场实践，向理论总结方面推进。

2009 年 7 月 22 日，我国第一部文化产业专项规划——《文化产业振兴规划》由国务院常务会议审议通过。这是继钢铁、汽车、纺织等十大产业振兴规划后出台的又一个重要的产业振兴规划，标志着文化产业已经上升为国家的战略性产业。国家将重点推进的文化产业包括：文化创意、影视制作、出版发行、印刷复制、广告、演艺娱乐、文化会展、数字内容和动漫等。

2012 年 5 月，为提高广告业的专业化、集约化、国际化水平，推动广告业健康和全面、协调、可持续发展，国家工商总局发布《广告产业发展"十二五"规划》，努力实现以下转变：由传统广告业转向现代广告业；以国内市场为主向国际市场延伸；由粗放型向集约型转变；由布局相对分散向合理集聚；由低技术水平和低附加值向高技术水平和高附加值一。

2014 年 3 月，国务院发布《关于推进文化创意和设计服务与相关产业融合发展的若干意见》，就加快推进文化创意和设计服务与实体经济深度融合做出明确要求，提出到 2020 年，文化创意和设计服务的先导产业作用更加强化，基本建立与相关产业全方位、深层次、宽领域的融合发展的格局。《意见》针对我国当前文化创意和设计服务发展，特别是与相关产业融合发展中存在的突出困难，提出了一系列扶持政策。这应该说是文化产业发展史上里程碑式的文件。因为国务院第一次用国务院的文件发一个对文化产业发展的文件，而且它的针对性、含金量、重要性，可以说是原来没有过的，而且涉及的内容也相当多，涵盖面也宽，尤其是在解决文化产业发展这么多年企业普遍反映的一些重大问题，这次都有了具体的意见。

综上所述，最开始，广告作为改革开放的信号释放功能得到较好中国式应用，接下来是过于偏重广告商业功能，管理侧重于业界问题的被动回应，广告产业的文化动能没有得到充分释放。管理手段过于刚性与倾向限制性。事实上，广告业是重要的文化创意群体涵养域和内容供应商，在文化创意产业发展中居于无可替代的优势地位。广告业作为以创意为核心的产业，应当找准其在文化产业链条与社会经济发展中的位置，进而提升广告产业在整个社会、经济、文化发展中的影响力。

二、中国广告产业管理问题思考

政府管理部门在广告产业管理过程中突出政府主导型的管理方式，经过较长时间的摸索探路，政府管理方式已由被动的事后治理（尽管有前置审批，但新问题层出不穷）转向法规导向与产业保护与产业激励与服务，通过发展与树立行业形象的新理念来管理广告产业，广告产业由是有了更好发展的契机。在此基础上，相关部门还可寻求更多方式，如指导行业建立自身良好生态，发挥各学会、协会、媒体舆论监督等多方面的功能，促使从业人员主动提升职业素养，推动市场主体与行业加强自我把关功能，避免刊播不良广告；加强公众广告素养教育，改善社会舆论环境。对于具体的广告审查则由行业自律来完成，一般是由当地的广告协会来执行广告审查的任务。这样做的好处是可以适当地把广告的监督管理工作转移到行业本身，还可以让政府有关部门集中更多的时间去制定行业发展政策，完善广告法规；通过这种行业自律可以在行业内部实现自觉遵守广告法规的良好风气，广告行业与广告管理部门形成良性循环。在此基础上，更深一层的是，要在业务管理之上下更多力气的关注到更大层面的问题，于是各种方式的相关学术研究或智库攻关值得鼓励，这会成为产业发展的另一种正向推动力量。学术研究常能较深入抓住关键问题，从而不致为各种表象琐细问题牵扯住太多有限资源与精力。如有研究认为，30多年来，中国广告业取得了长足的发展，同时，中国广告产业存在本土广告公司低集中度与低市场绩效，外资广告公司的强势与在中国扩张的问题。①

　　高水平的政府管理显然能调用更多资源来推动解决产业本身的现实大问题，但今天中国本土广告产业要承担起已成现实的世界第二大广告市场与中国更多地融入世界与中国文化复兴的相应重任，并且当今，据官方统计数据，发达国家第三产业的产值一般要占到60%到70%，2015年第三季度，我国的第三产业产值占比51%，这是中国转向后工业化时期的开始。这意味品牌消费、文化消费、新兴消费方式的勃兴。而这些都与广告水平与能力息息相关，并且当前传播环境与以前相比又有了颠覆性的变化，既有理论与运作方式受到重大冲击。中国广告产业当下所面对的重大挑战以自己的既有积累来看，是超负荷的。作为广告研究者，我们担心的是，站若干年后的社会高点再回望，我们今天的广告发展方式与受重视程度是不是会如同我们现在审视30年前所看到的呢，显得如此被动，显得如此缺少理论准备与高水平管理理念，广告教科书是偏向操作的"洋理论"一统天下，总是由业界来倒着推动理论与管理进步，时光不能倒流，历史不能依着假设重演，但我们可以想象，如果我们当初有足够理论支持而且是学术发达程度远远走在业界的前面，当今现实是不是另一番模样：大批量中国品牌能为国人深度认同，能走出国门，从而推动中国经济有着更优化的经济结构。

　　值得我们拉长距离反思的是，在学术知识与智库思想能快速变现生产力的今天，我们是不是太少了警觉，太多的人已对知识"无感"，认定知识无力，太多的无用信息在包围我们，因而看不清前方的路。中国现代广告研究因为年轻，所以也少包袱与拖累，可能成为一块好的学术实验田。普遍性总是要由特殊性承载，因而有一些普遍性学术发现反而易于在这一特殊主题上析出来。比如对一些当前并不实用或冷门的细小学术领域的学术资源与学术观点的储备问题，学术知识面向社会开放而大众又能易于进入与接受的问题，这些都可以透过中

---

　　① 张金海，程明. 广告经营与管理［M］. 北京：高等教育出版社，2003：54.

国广告发展历程获得讨论素材。

　　易于为我们认识到的是，有些领域如广告品牌营销，因为与社会集体心理深度关联，一旦被动，会形成"被动"的遗传，加重后来者的负担。希望在于问题一旦被意识到，我们总是有解决的可能，尽管代价要大一些，所幸的是，我们正行走在由"被动"到"主动"的路上。

第十六章

母语拼音方案价值再创意

在互联网与数字技术日新月异的大环境下，现代信息资源的价值开发成为当下与未来的主要方向。本章侧重关注深一层次的问题：如何更好处理深受知识细分领域限制的个体与当今比天然物产和能量更为重要的海量的整体信息资源之间的关系，以简单思想新建立并阐释抽象概念"信息球"与"思维浮桥"，从新的视角来理解与提升汉语拼音方案的更多价值与功能，将抽象的现代思维方式与古老的骨针发明思想建立链接，将现代思维方法梯次承载人类思维发展历史，互动抽象与形象思维，在解决当下实际问题同时激发体验历史纵深感。并结合较有新意的案例说明创新思维方式尤其是建构基于共同知识基础的至简化思维方法值得特别关注，立足汉语拼音方案共识基础的思维方式创新有助于深受知识细分领域限制的个体更好把握与应对当今海量整体信息资源。

当代世界的信息总量借助互联网的力量已成为名副其实的人们可随时感受到的知识的海洋，并且海水的面积与体积在快速增长。现实倒逼着人们采取以较长时间或终生来掌握某一细分领域知识的方式来应对挑战。这种板块应对方式确实有效减轻了人们的负担，似乎是最合理的选择。但从总体上来看，人类文明史从生产力水平发展来看，依次历经了以天然物产资源、能量资源和信息资源为侧重点的更替顺序，并对应着农业时代、工业时代和信息时代。由此可引发本章关注的深一层次的问题：如何更好处理深受知识细分领域限制的个体与当今比天然物产和能量更为重要的海量的整体信息资源之间的关系。由此，至简化的基础思维与共同知识成为特别值得我们关注的对象。

一、何谓抽象？

抽象是一个哲学逻辑学领域的核心概念，对于这一领域较少涉入的人来说，要进一步对话，这个词就是一个不好接近的词，空洞而又不好理解。但如果将其关联到"提炼"、"综合"、"裁剪"、"抓取"、"转化"等人们平常较熟悉的词，人们的感受很快就不同，进一步对话变成很容易的事。因而一个人不管接不接触、用不用这个词，都事实上能理解与应用这个词的部分内涵。特别突出"抽象"这一概念，因为人的抽象能力与认识抽象的能力深刻影响到人类文明发展的进程，影响到人类社会的方方面面，成为人区别其他物种的显著标志。进一步分析，开头所论及知识细分领域限制确实可能阻碍既有知识的共享与传播，但也并非铁板一块，完全没有进一步沟通与对话的基础。

依通常的说法，抽象就是从众多的事物中提取共同的、本质性的特征，如苹果、香蕉、葡萄、柑橘、菠萝、梨、桃等，虽然五颜六色，它们同属于水果或更大范围的"植物的果实"。得出水果概念的过程，就是一个抽象的过程。抽象是在不对事物加以任何外在干涉的情况下，依靠人的思维能力抽取事物的共同特征，也可能说是暂时不考虑或过滤掉研究对象的非本质的特征。所以抽象的过程也是一个裁剪的过程。

今天，人们已将抽象概念发展成与形象思维相对的抽象思维方式，较多观点认同，抽象思维与形象思维是没有交集的平行关系，形象思维由右脑主导，抽象思维由左脑主导，抽象思维是用概念来代表现实的事物，而象形象思维用可感知的图画来代表现实的事物；抽象思维用概念间的关系来代表现实的事物间的联系，而象形思维用图画的变换来代表现实的事物间的联系，单独强化一种思维训练固然可以取得效果，但二者还可以有复杂互动关联发展的方式，并获得更多更好效果。毕加索曾说："画抽象画必须从客观现实入手……总要以某种现实为依托。此后再将现实的蛛丝马迹剔除出去。无论如何，这与事物的本质并不发生矛盾，因为抽象化处理之后留下的反而是事物最不可或缺的特质。也就是说，现实的客观存在才是画家的出发点，才能激发画家的灵感并调动画家的情绪。"

上述这段话如果细细品味的话，很有中国哲学传统中的"观物取象，立象尽意，得意忘象"的味道，将抽象与具象交互运用。因而具象的方式也有助于理解抽象，并使二者更好互动作用。在开发海量信息资源成为前沿课题的今天，相关的开发技术成为社会的需求，寻找简单的易理解易传播的方式成为理想选择。不需要任何外在资源与工具的思维方式自然成为理想选择之一。

二、真实的骨针

上面我们以抽象的方法对"抽象"概念做了一番相对好理解的探讨，更进一步，我们可以具象角度，将抽象思维附载到一个真实、具体、可直观感受的事物上，从而使得讨论时有一个易于思考的依凭。那找一个什么事物可以有代表性而易理解易传播沟通呢？追溯人类社会发展河流的源头成为较理想的思维取向。因为新事物萌芽时往往非常弱小与简单，当然也最容易为更多人理解。而且，久远的时间常能为事物附加更多历史价值。由此我们选取旧石器时代的骨针来作为承载。

关于骨针，现已有考古实物与较有关联性的学术研究成果。J. 基 – 泽博主编的《非洲通史》第一卷中载有南非津巴布韦旧石器时代晚期距今两万年至一万五年的"穿孔石叶"，东非坦桑尼亚有距今两万多年的用令人赞叹的打磨石片技术打磨出来的"漂亮的石刀"。我国历史著作一般将当时人们已掌握的钻孔、磨光和细石镶嵌技术视作生产力提高的表现，较少从人类思维技术发展视角来研究。1939 年裴文中在《周口店山顶洞之文化》中认定山顶洞既有考古发现中仅存 1 件骨针。在 1982 年，曹泽田在《猫猫洞的骨器和角器研究》认为，这里发现的骨器和角器数量超过以前全国发现的、旧石器时代晚期同类工具的总和；猫猫洞文化的创造者在制作骨器和角器方面有相对稳定的加工方式和较高的技术水平，其制作大体经过打琢成型、刮削和磨制定型等工序。1986 年，黄慰文、张镇洪等发表《海城小孤山的骨制品》一文中指出其骨制品包括鱼叉、标枪头和骨针，在工艺上与欧洲旧石器晚期制品相似。小孤山的骨针和山顶洞的骨针相似，但工艺水平稍高。① 尽管其后还有更多相关研究成果，但我们只须考虑一枚知名度较高、有代表性山顶洞骨针即可建构起讨论支点。

据资料记载，20 世纪 30 年代，考古工作者在北京西南周口店龙骨山的山顶洞人遗址中，发现了一枚骨针。这枚骨针长 82 毫米，针身最粗处直径 3.3 毫米，针身圆滑而略弯，针尖圆而锐利，针的尾端直径 3.1 毫米处有微小的针眼。制作这样的骨针，必须经过切割兽骨、精细地刮削、磨制以及挖穿针眼等多道工序，需要较高的制作工艺才能完成。这枚骨针甚至亦可视作世界上目前所知最早的原始缝纫工具。

旧石器时代晚期的社会人文形态，现在很难有较为全面的真实的认识。对于古针的由来和创造发明，我们只能通过其功用来分析和推测认识。骨针的用途分析起来有两个：穿孔与过线。先穿出孔再引过线，二者的完美结合，才是骨针创造发明的思想基础。在骨针发明之前，必须在远古先民生活之中有钻孔与引过孔两个方面的实践需求，才有可能导致骨针被创造出来。这大致是诱发遥远先民骨针创造发明的动机所在。②

今天我们用这种集中拼合思维视角检索较有影响的历史标志性发现，很容易联想到地理学家阿尔弗雷德·魏格纳大陆漂移思想，超越具体的实物拼合，升华到抽象的符号拼合。魏格纳指出，地图形状可以像拼图碎片那样拼贴咬合在一起的现象不仅适用于非洲和南美洲，而且适用于北美洲、格陵兰及欧洲。50 年后，哈利·赫斯用大陆漂移学说给地理学界带来了全新的变革。一开始，魏格纳只是说，大约是在 1910 年的圣诞节期间，他突然被大西洋两边海岸极度的相似和吻合所震惊，而这一点启发他思考大陆横向运动的可能性。将凌乱的碎片通过拼贴咬合复原为一幅完整图画的符号连接方式转化升华到思维视角具有较强的启发意义。抽象思维所要做的就是将这种拼接复原模式加以转化来较快地解决类似的问题。

---

① 冯兴无. 中国旧石器时代骨、角器研究的历史与现状［M］. 董为主编. 第九届中国古脊椎动物学学术年会论文集［M］. 北京：海洋出版社，2004：183 - 191.
② 康兴民. 旧石器时代晚期骨针功用及对中国远古文明萌生的影响［J］. 中国包装，2013 (9).

三、汉语拼音方案价值分析

汉语拼音是当代中国文化史上的优美故事。汉语拼音方案于 1957 年 11 月 1 日国务院全体会议第 60 次会议通过，1958 年 2 月 11 日第一届全国人民代表大会第五次会议批准。这一里程碑收获是 300 年来语文工作者努力研究的结果。期间历经长时期的汉字拼音化各种探索过程，仅在新中国成立后的 1950 年到 1955 年间，国家主管部门收到社会各界包括海外华人共 633 人提交的汉语拼音方案 655 种。据说，最后通过各种渠道收集起来的共有 3300 多种。这些方案中有汉字笔画式的，有外文字母式的，有图案式的，有数码式等花样繁多的设计方案。而今国家法定的方案已有着成熟的技术，已成为国家标准和国际标准。自从 20 世纪 50 年代诞生起，尽管不时有学术争议，但汉语拼音方案在实践应用中一直较为顺利地成为国人最早接触的深层常识，成为当代中国当之无愧的集中民智借鉴外部资源而又共享于民、回馈世界的伟大创造之一。如今，汉语拼音作为一种科学、方便、实用的语言文字工具，为我国经济和社会生活的现代化、信息化提供了极大便利，为我国扫除文盲、普及教育、发展科技、提高信息化水平做出了重要贡献，在社会主义现代化建设中发挥了无可替代的积极作用。随着现代信息技术的普及，汉语拼音输入汉字被普遍使用，汉语拼音渗透到社会生活的方方面面，须臾不可或缺。汉语拼音作为拼写中国人名、地名的国际标准，作为各外文语种在指称中国事物、表达中国概念时的重要依据，成为我国对外交流的文化桥梁。

汉语拼音发明人也认为，当今汉语拼音的应用逐步扩大，且快速惊人。原来主要应用于教育领域，现在显著地应用于工商业领域；原来主要是小学的识字工具，现在广泛地发展为信息传输的媒介；原来是国内的文化钥匙，现在延伸成为国际的文化桥梁。①

站在六十年后的今天——新的时间节点上，回望过去，展望未来，我们以为在中国走向世界，世界需要中国的今天，汉语拼音的故事并未完结，而是有

---

① 周有光. 汉语拼音 文化津梁［M］. 北京：三联书店出版社，2007：序言.

了更多精彩的新起点。汉语拼音方案以生动有力的事实证明中国传统文化与当代文化的巨大包容力与融合力,能够与异域文化进行高效深层的有机融合,从而在丰富自身的同时贡献世界。纵观相关研究文献,从这一视角来研究汉语拼音的成果还不十分丰富、还有待深入。研究文献表明,世界通行的 26 个字母的发展与定型有一个漫长的跨地域与文明的扬弃过程,已成为全人类智慧结出的果实和历史沉淀下来的文化遗产与基础共识,如同地球大气层的某些分子构成,已属于全人类而不只是属于某些国家。这也意味着,汉语拼音的研究还有着更多的视角与更大空间。

　　回到一开始论及的处理当今信息资源庞大、板块甚至碎片化的问题,引发我们思考能不能建构一个如同较形象理解全球化影响力的"地球村"概念来简易而直观地形成整体思维把握。由此,汉语拼音方案与人脑的思维方式成为我们考虑的主题。研究发现,人脑具有通过语言来进行知识处理的联结机制,这一机制主要包括组合机制和联想机制。组合机制体现人脑的整合思维。人脑把若干相配的"知识元素"(意结)按照一定的规则组合成"知识单位"(事件),再把许多的"知识单位"组合起来,建立起反映客观世界的"动态的知识体系";联想机制体现大脑的发散思维。人脑从某一个"知识元素"(意结)出发向四面八方辐射延伸,把上下、前后、左右等各种有联系的知识元素联系起来,通过联想建立起反映客观世界的"静态的知识体系"。[①] 语言学中的"音位"、"基元"等概念反映出研究者试图在音与义等方面找到最基础不可再分的较稳定部分再进行体系重构。个体语音意识水平的高低与语言能力的高低密切相关,由此最基础最简单的语音意识成为重点关注对象。进而汉语拼音方案中的 20 个单声母(包括 W 与 Y 这两个零声母)与 6 个单韵母有了从思维距离、速度、习惯等角度进行重构的价值。也由此打开某一信息资源与其他资源更多的关联的接口。抽象掉样本信息的具体内容,从形式来考虑,现有信息资源都要以语言为中介,都可以转化为汉语表达或汉语拼音表达。而汉语拼音所借鉴的 26 个拉丁字母将其序数数字与字母固化对接直译,可建立起简易稳定的超越信息实际

---

① 鲁川. 汉语语法的意合网络 [M]. 北京:商务印书馆,2001:40 - 41.

意义的任何两个相关或不相关的信息名词之间存在的内在最大形式关联结构：$\{A + Y$ 或 $A - Y\}$，其中 $A = \{x \mid x = N$ 且 $x \leqslant 25\}$，$Y = \{x \mid x = N$ 且 $x \leqslant 25\}$（N：自然数集）。以这一结构为基础，可以即时将所有符号信息模糊数字化。为学术建构，我们可加以概念化，不妨新建立两个概念"信息球"与"思维浮桥"。不管信息资源量如何庞大，都可整合在一个抽象的无大小的球体内，如同我们理解的抽象的"点"的概念，只依靠一个 $\{A + Y$ 或 $A - Y\}$ 稳定结构进行简化运算连接，每一个单次运算结果都可形象地视作一个半径为 13 的圆环或球体，无数个与无数次的叠加与关联形成一种无形网络连接的整体感。我们还可以换一种形象的关联文化深度的方式，将 $A + Y$ 谐音为"一家人"（将 Y 形看作人字的另一种姿态），将 $A - Y$ 谐音为"译简人"，由此关联到中国文化较早的简牍之类的载体或理解为人类具有的简化认识复杂事物的能力。这里只是简单枚举，当然还可以有各种各样的创意。思维浮桥可解释为部分共识或暂时共识，借助它可以将抽取掉的信息的既有意义或信息的内涵进行还原与跳转，实现意义的联连叠加等更丰富的交流，从而扩展人的信息空间、意义空间、发展空间。由于有了内在稳定简易的结构，"信息球"概念比基于比喻意义上的"地球村"概念有了更多的科学内涵。同理，任何基于拉丁字母的语言信息总体都可以抽象成一个"信息球"。只是借助于汉语拼音方案的特点，借助于思维浮桥概念，将古汉语的切音方法加以转化，形成超越性的字词切换，更符合人脑的信息处理方式与即时快速的思维发散与整合。由此，大大拓展了汉语拼音方案的功能与价值，弥补了传统训诂学可以通过"内心无形切换焊接"来关联与重复熟悉其他资源的损失，发掘现代汉语新的优越性。

四、骨针思维技术的跨领域迁移

基础理论的源头往往朴素而简单。原始人意识到穿孔与连线结合的功能可以用一枚有孔的针穿线来同时完成时，实际上也完成了认识上的升华，当时也许有着实践需求的激发，但我们今天来回看这是人类智慧的一大飞跃。有了这一直观感受，我们更容易在此基础上理解更高一层级的超越实体指涉的符号拼合、符号运算之后再将最终结果结合现实，由此抽象的逻辑思维、想象力世界能丰富我们的现实世界。于是在行动之前先有了一个将要做什么的思维层面的把握，正是人的这种把握能力越来越强大，使人与其它生物鲜明地形成质的区别。我们可以将抽象的概念与骨针技术的成熟过程结合起来转化至思维层面，可称之为骨针思维技术，实际上是一种容易理解的将分散资源的结合整合融合的概念与符号信息把握方式。有了对骨针思维技术的初步理解，再将其"迁移"到汉语拼音上来，如果将作为汉语拼音基础的每个拉丁字母视作一枚骨针，那一共只有 26 枚，于是同声母或同音汉字比如有 200 个字可视作首字母骨针生发出的 200 层含义，任何两个或三个骨针合在一起除了可进行意义的丰富切换与重组外，骨针本身还可进行运算，运算结果又可转化为声母或韵母进行再次意义转换。于是，我较容易地将我们现代日常思维方式梯次承载着人类思维发展历史，互动抽象与形象思维，在解决当下实际问题同时又体验着一种历史纵深感，体验着人类思维发展的美妙与美好。这种建构处理方式完全不用惊扰已有任何资源或借用外在资源或工具，只是导入了创意思维方式，可视作对传统文化资源现代化的思维层次提升，有着无尽的穿针引线的未来大空间，可关联、融合更多文化资源，并且人的知识面越宽越深层，有共识的人越多，文化交流更容易，文化资源会越来越丰富，也会在某些情况下产生与其他文化资源更有意义与价值或新鲜感的对接与转化。下面，举例来说明，以本人工作所在地长沙为例，一般我们说到一个普通地名仅会将其视为一个地方代码，不会有很多想法，从"长沙"一词中提出声母组合 CS，如果一个人平时没有注意过这种思维方式，那这时他一时半会肯定很难生发出很多不同内涵的词来，但平时若有些关注之后再次遇到情况会有很大不同，这也刚好可成为这种思维方式有新鲜度且有实际应用价值的旁证，并且这个词一旦找到就具有唯一性与稳定性，没有第二种表达方式，实现有着东方思维特质的基于模糊的清晰与稳定。加以留意，CS 可以发展出城市、产生、才思、成熟、测试、传说、长寿、催生、重生等等，像这类有内在联系的词语在既有的学科体制中我们很难找到对应整体分类，事实上这已经对某些学科或专业之间的知识与概念形成了有效重组与新关联。延伸一下，岳麓书院已成为湖南标志性文化符号，其门联众人皆知：惟楚有材，于斯为盛，出处分别是《左传》与《论语》，对联最后两字"材"与

"盛"的声母 CS 刚好可切换成长沙,进而转化为更多相关意义。CS 可转换成数字 319,而穿过长沙城市中心的刚好是 319 国道。由此可启发我们思考汉语拼音方案在发散思维与转化思维方面的优势。

我们可再看一个例子,中国文化强调一个"一"字,实际上是强调一种简化与整体思维,将"一"字与英文 ONE 进行比较会有不一样的发现。从外观用形象思维来比较的话,会发现 N 与"一"形状有三处重合,与 E 有四处重合,于是 ONE 可象形成数字 034,若将"一"放大抽取掉中间着色,只留边框,便是日常所见"方形"的 0,以想象视角来看,汉字的每一笔都潜在着一个变形的数字 0;更进一步,"一"的拼音 YI = 25 + 9 = 34;而 ONE = 15 + 14 + 5 = 34,于是有一 = ONE =034;在此处我们讨论思维智慧问题,而汉语头脑 TN = 20 + 14 =34。如此穿线,让我们发现中西方文化中对最基础层面设计智慧的惊人巧合。

在当今互联网时代,如何将我国的古老符号活化转化到生活中与品牌建设中为人们喜闻乐见是值得研究的课题。以对我国传统文化中的"太极图"为例,我们若进行想象式的要素重组,会注入新鲜含义:将图中黑白交界构成的"S"与剩余 3 个圆圈结合,便形成 3 个大写的字母"Q"。抽象来看,具体理念或创意的实现就是一个从"信息球"经"思维浮桥"落实到"另一个"上的过程,我们或可以泛化的"区域"概念定义"另一个"。这三个概念中的"Q球"、"Q桥"、"Q区"刚好构成 3 个 Q,再将 3Q 表达成 QS,再"翻译"成求索,进而关联到当今进行思考或创意时所凭借的符号语词或触发的思绪,由此中国古老的典型文化图式符号寻找到一种新的转化逻辑关联到了贴近现代生活的新内涵。

总体来看,创新思维方式尤其是建构基于共同知识基础的至简化思维方法值得特别关注,立足汉语拼音方案共识基础的思维方式创新有助于深受知识细分领域限制的个体更好把握与应对当今海量整体信息资源,从而放大汉语拼音方案的价值,盘活更多信息资源,承载更多意义与价值。

第十七章

区域文化规划理念与方法创新

今天社会现实推动着我们去超越现代文化规划只是孤立的小领域观念，主动拓展更多研究视野，发掘这一概念的更多可能性，盘活更多文化资源，使资源不断生长增值，形成更多更大层面的区域交流合作机会。文化规划应"尽精微来致广大"，充分关注地方历史文化、日常生活文化在现代传播环境中的更大功用，让文化回归平民与大众，使精英文化与平民文化得以共生与交融，优化中国文化的内在结构，消融西方文化，实现文化多样性的叠加效应。

在新闻传播领域，说到"第四权"会自然联想到西方媒体理念的第四权力，指在"行政权、立法权、司法权"之外的第四种政治权力。这只是一种比喻意义上强调媒体影响力的通俗说法，并不真的存在法规意义上的这种类型的权力。事实上，另一个概念也在分享着"第四权"的内涵，那就是"规划"概念，美国学术界主张：规划是"政府的第四种权力"，这种理念拓开了新视野，标志着美国现代规划理论的诞生。有意思的是，这两个"第四权"似乎可以融合发展出另外的一个概念：文化规划。不难理解，现代文化涵盖范围远超媒体，但文化无法离开载体与符号，甚至可以说文化是媒体信息、媒体传播的结果或功能程序实现方式。如此看来，文化规划已是一个当代性特别显著，有着超越性与统摄性的理论与现实价值兼具的先导发展方式。

一、理解网联网时代

这里所说的"时代"与我们通常所说年代概念不一样，时代是一个大的时空概念，称得上是影响人的意识的所有客观环境。说某一种东西形成了一个时代，一定是这种事物深刻地影响着当时代的人与生活。网联网是基于当代发达的计算机技术与网络技术，以互联网与移动网络为基础，互联万物，进行信息交换和通信，用以实现智能化识别、定位、跟踪、监控和管理。网联网重塑了我们的复杂生活与工作环境，构建起覆盖全球各地甚至是每个角落的立体网络平台，任何事物均可与之进行即时互动关联，正在形塑当下与未来新图景。

网联网时代虽说是一个较新的事物，跟别的"时代"相比，其概念内涵体现得更加明显。它重构的不只是某一局部的事物，而是可以即时地重构着全球所有的资源，由此形成了由经济全球化发端的更多全球性影响。不管从顶层还是底层，主观抑或客观，网联网的全球化已日渐生成新气象、形塑新世界。由此，关于承载全球化网共同特点的概念"抽离、加速、标准化、互联性、移动、混合、脆弱性、再嵌入"① 会随之丰富其内涵与增长应用的可能。网联网技术的飞速发展支撑着万事万物可以轻易跨越时间与空间障碍进行互联互动，从而形成即时诸区域互动，重构社会的各个层面，这会形成新的问题，也可能就很多"印象中"的难题提供新的解决方案与可能。文化的力量在其中也就有不同于以往的释放与发展可能。

二、联结词：区域概念

有了侧重宏观视野的"时代"、"全球"概念层面的网联网技术的初步考察，更进一步，为更好展现问题，易于讨论与理解，我们用"区域"这一概念来对接承转"文化规划"。

区域是地理学的核心概念，文化区则是文化地理学的核心概念，文化区或地域文化历来是区域地理的重要研究内容。文化不可能凭空自行产生，每个文化都有源头，源头地域被称为"文化源地"。某种文化从这个源地向外传播、扩散、与其他资源交融后形成的分布范围是"文化区"。文化有历史传统（时间现象）和地区分异（空间表征）双重性。文化区的概念来自于地区文化差异。同

---

① ［挪威］托马斯·许兰德·埃里克森. 全球化的关键概念［M］. 周云水等译. 北京：译林出版社，2012：13 - 14.

一个文化区有着文化上的共性，具有相似的文化特质和文化复合体。在传统文化地理学中，文化区被划分为形式文化区、功能文化区和乡土文化区。这些文化区已明显不同于区域地理中的"地域"。经济地理学认为，一个地区与外界建立功能联系时，它所具有的其他地方所不具备的内在条件就是地方性。这两种地方性的定义虽然不同，但是其本质相同，即为一个地方所具有的特殊性。1980 年代国际地理学界出现了新文化地理学，新文化地理学从研究方法和理论上对传统文化地理学进行改革。地方的概念成为新文化地理学研究地域文化或文化区的核心概念。这个概念的提出直指文化区的本质——区域是人们认识空间的产物，是主观建构的结果，因此由区域建构主体赋予意义后的区域就是"地方"。① 但区域并不是孤立的，总是与其他区域存在或多或少的关联，亦可通过建构或重构的方式强化这种关联。地理学者张伟然认为，在中国这样一种兼容性极强的文化大系统中，各个文化背景不同的地域都朝着一个共同的文化理想而趋近，其发展水平的空间序列确实是一个非同小可的问题。因而在当今万物互联的网联网时代，几乎不存在仅仅是地域的地区，即使有些地区是有边界的。它们变成相互连接的地域，相互做出反应的过程超越其限制；所以，再地域化试图固定和稳定一个地方、国家或地区，其本身就是自我辩证否定的产品，这就是去地域化。② 当然这种说法有一个程度与本地区发展战略的考量。但立足本地域，主动关联互联他域成为必然选择。由此，"区域"概念可起到网联网与文化规划概念之间的"桥梁"作用，区域是一个弹性概念，可大至全球亦可小至村庄，但都可以与网联网与文化规划密切关联。

三、文化规划理念：平民化理念

当前关于文化规划的研究成果较鲜明体现在城市研究领域，如有研究者认为，文化规划是关于城市规划发展思路的创新，强调将文化思维贯穿于城市创新转型的全过程，即在对城市文化资源深刻认知的基础上，探讨城市文化资源

---

① 周尚意. 文化地理学研究方法及学科影响［J］. 中国科学院院刊，2011，26（4）.
② ［挪威］托马斯·许兰德·埃里克森. 全球化的关键概念［M］. 周云水等译. 北京：译林出版社，2012：104.

如何有助于城市的整体发展，从而进行鉴别创新项目、设计创新计划、整合各种资源、指导创新战略实施的过程。① 这种将文化规划关联到创新发展思维的方向有着进一步开拓的价值，已追问到文化规划的哲学基础。文化规划区别于其他规划的核心内容是其针对整个规划地区而非局限于各个文化部门的文化资源调查与评估，以及跨领域交叉、多部门合作的战略制订与行动计划实施过程。文化规划追求的不仅是植根于地区文化特质而度身定制的规划，而且要求将文化的特征表现关联至城市发展路径的选择上，这也就要求在之前清查文化资源的基础上洞悉它们与城市整体发展的牵制关联，进而制订整合的政策体系促进它们的和谐互进。② 循着这种几成共识的对于文化规划的认识，就有一个很关键的问题：我们到底怎么认识或建构我们自己的城市整体的文化发展大方向。

关于当代与未来中国的文化取向，有一种观点值得特别引述：现代中国所需要的科学、公利、互利、民主、平等、公正、法制、进取、改革等精神，必须植根于生成与发展以人为本的文化。为此，要特别重视平民文化，打破文化知识垄断，让文化回归平民阶层中，使精英文化与平民文化得以共生共存，相互渗透，相互交融。从当前社会现实的发展加以判断，"精英文化"与"平民文化"的有机对接，是优化中国文化的内在结构，消融西方文化，为今天社会的发展提供思想文化借鉴的一种必要方式。③

承接上述判断绕不过去的追问是：最具生命力或者说最科学的对接方式是什么？视角不同，答案亦会多样，本章观察到的康庄大道在于：走以"平民主义"与"精英主义"镕合铺就的"平民化道路"。曾经的基础研究在这里可起到理论支持的作用。笔著曾对"平民化"概念做过大胆的理论探索，认为平民化意味着将平民（在中国也称老百姓）的立场、价值观和需求向社会各阶层扩散。因为社会生活中每个人都充当着不同的角色，但是不管是充当什么角色，总有作为"老百姓角色"的时候。"平民化"也就是尽力将每个人身上的"老

① 屠启宇，林兰．文化规划：城市规划思维的新辨识［J］．社会科学，2012（11）．
② 李祎等．西方文化规划进展及对我国的启示［J］．城市发展研究，2007，4（2）．
③ 薛柏成．论"精英文化"与"平民文化"有机对接［N］．中南民族大学学报（人文社会科学版），2009（1）．

百姓角色"部分取出来，平等视之。"老百姓角色"是不断发展变化的，因而"平民化"是一个动态的概念，它处于不断发展演进之中，其中充满了无限的可能性。我们可以将平民化提升到一个理念的层次来理解。平民化理念核心是以人为本，平民化在本质上是社会平等化。① 今天再将这一理念升华关联到现实，可以认定，"平民化"是科学实践这一理念的社会带给任一个体及全社会的最大尊严，任意两个人的生命轨迹都不可能完全重合，因而任一个体与任一社会都可自豪宣称自己有着其他个体或社会无法全部体验的"美丽旅程"。

平民化理念的核心立场是任何个体都应动态地享有在人类生命平等、社会平等基础上生长起来的人类尊严，这种尊严足以使其自信地无畏地幸福地走完各自的人生旅程。一句话，人类社会走过的与即将要走的都可以说是一条气象万千的"平民化道路"。

从这一视角来审视区域文化的发展，我们能发现文化发展理论与实践的"新天空"。一种方式是现在我国已在较大规模实践的将文化与产业结合发展，所谓经济文化化，文化经济化，取长补短，相得益彰。具体到文化产业政策上来，有研究认为，影响产业生存与发展的因素有三个方面：需求拉动、供给推动、政策因素。文化产业的兴起和发展是供需双方矛盾运动的结果，但政府的态度和政策对文化产业的兴衰具有重要的影响。在政府政策中，产业政策是影响产业发展的关键性因素。产业政策是政府用来调整、优化产业结构，促进产业发展的主要途径，在产业发展中居于核心地位。同样，在文化产业发展过程中，文化产业政策居于核心地位，具有其他经济政策无可替代的作用。对于尚处于发展初期的我国文化产业来说，文化产业政策的作用显得更加突出。② 文化产业政策可视作政府为了促进文化产业的发展、实现文化产业发展目标而建立的政策体系的总和，需要在遵循文化产业发展内在规律基础上，综合运用经济、法律、行政等多种手段规划、引导、管理文化企业。③

---

① 周自祥. 媒介平民化理念的思考 [J]. 当代传播，2005（1）.
② 钱正武，杨吉华. 我国文化产业政策的制定及其实施 [N]. 安徽师范大学学报（人文社会科学版），2007（1）.
③ 解学芳. 文化产业政策比较机理研究 [J]. 长江论坛，2008（5）.

　　但我们鲜见另一视角的目标描述，即抽象程度更高的带根本性理念的目标描述。当今世界文化产业主要集中在两大区域：美国与欧盟。与此相对应，西方发达国家的文化政策也顺此区分为美国模式和法－加模式：美国的文化政策模式秉承自由主义传统，强调文化产品生产、销售的高度市场化和政府干预最小化；而法国、英国、加拿大等国，则强调文化产品不同于一般商品的"文化"属性，对自由主义的文化政策提出质疑，其文化政策模式强调政府对本国文化产业的理性规划，只是在文化发展目标以及规划、调节的力度与方式上各国有所区别。① 由于美国没有统一的文化产业政策，文化产业与其他产业部门平起平坐，这应是美国文化产业政策与法国、英国、加拿大等国，甚至是世界上绝大多数国家的文化产业政策的根本差异。政府所应做的，是为文化企业的经济活动以及个体的文化创造提供一个公平合理、充分竞争的舞台。在乌拉圭回合谈判中，法国曾以"文化例外"为理由，坚决反对文化市场的自由贸易，几乎为此退出整个关贸总协定谈判。在世界贸易组织谈判中，法国进一步将"文化例外"策略演变为"文化多元化"原则，提出文化产业不同于一般产业，指责美国低俗化的文化产品与文化发展过度商业化倾向对于他国文化所构成的致命威胁，全球的"美国化"趋势令人担忧。法国不遗余力地在欧盟内部推动"电视无国界运动"等，甚至对欧盟视听媒体中"欧洲内容"所占比例做了详细规定，以限制好莱坞和美国其他视听产品的入侵。法国的"文化例外"模式将文化与一般商品区别开来，有力地阻止了文化的商业化、低俗化，并较好地保护了本国文化产业的发展，但同时也带来了文化发展活力缺乏等问题。② 目前，大多数国家都强调发展文化产业对于本国经济社会发展的特殊重大意义，并采取不同措施保护与促进本国文化产业发展，力图增强本国文化产业的国际竞争力，在国际文化贸易方面强调"文化多样化"原则，对国外文化产品和文化投资进入本国市场设置程度不同的障碍，以保护本土文化的独立和国家利益。总

---

① 李宁．"自由市场"还是"文化例外"—美国与法－加文化产业政策比较及其对中国的启示［J］．世界经济与政治论坛，2006（5）．

② 李宁．"自由市场"还是"文化例外"—美国与法－加文化产业政策比较及其对中国的启示［J］．世界经济与政治论坛，2006（5）．

之，在否定文化"例外"的问题上，美国几乎是孤军奋战，其他文化产业较为发达的国家，如德国、英国、意大利，虽然对法－加文化产业政策认同程度不一样，但基本上都赞同文化产业具备特殊性，持论政府必须采取一定的措施保护本国的文化产业发展来保证本国的文化独立与文化安全。不过，他们对法国完全不重视文化的"产业"属性的观点也不赞同。因此，在文化产业政策方面具有根本分歧的，还是美国模式与法－加模式，除了对"产业"和"文化"的侧重不同这一重大区别外，这两种模式最为根本的分歧还在于对"文化多样性"的理解上。尽管美国和法－加都一致坚持"文化多样性"，但实际上，在这两种文化产业政策背后，是对"文化多样性"不同的理解。在美国看来，自由开放的市场是文化多样性的基础，唯有如此才能使各种文化、各种声音在同一个平台上平等展示、公平竞争。法、加等国的文化保护主义妨碍了"声音的自由表达"，限制了受众的自由选择，因而损害了"文化多样性"，而在法国看来，以强大资本力量为支撑的美国文化产业，将挤垮资金薄弱或受众群体相对较少的地方文化、个性文化，使得地方文化与个性文化无法发出自己的声音。①

国与国的竞争策略会换种方式在区域竞争上重演。我国文化产业区域发展极端不平衡，整体而言，东部远超西部，沿海远胜内地，沿海城市、省会城市远超内陆城市与非省会城市。美国与欧盟是竞争对手，甚至形成了美国模式和法－加模式，但他们实际上都在坚持"文化多样性"，只是其内涵不同。我国地域差异大，文化资源与积累丰富，地方文化特色明显，值得追问的是我们是不是可以将"文化多样化"理念导入我国区域文化产业发展中来，导入不同区域文化产业政策的制定上来。更进一步，"文化多样性"背后到底隐藏着什么？我们以为，"文化多样性"实质上是前文所论及的平民化理念的具体体现。在共存的前提下，要让某些个性东西成长起来然后为更多的人共享。正是在这一个层面较深入的认知，原本现代文化资源较少的我国中部省份湖南在文化产业领域却成为践行平民化理念的先锋，成为在全国实践根本性发展理念的排头兵。如

---

① 李宁．"自由市场"还是"文化例外"—美国与法－加文化产业政策比较及其对中国的启示 [J]．世界经济与政治论坛，2006（5）．

在作为文化产业枢纽的传媒领域，湖南传媒人早就洞察到媒体对大众娱乐的影响，硬是先行一步，发展出一个庞大的媒体娱乐新市场，靠的就是将平民化理念贯彻到媒体运作过程的各个环节。如其新节目研发中心就面向全社会开放，谁有好节目策划方案即可按程序进行评审，通过后便可在媒体开设新节目。这种灵活的机制能够使得媒体一直触摸到社会脉搏，保持与广大电视观众的密切联系，拉近与他们距离。

试想，如果将这种平民化理念贯彻到区域文化发展中去，形成区域之内与区域之间的良性竞争，必将带来根本性发展思路的转变，盘活区域的显性与隐性文化资源，收获远超文化本身发展带来的经济与社会等多方面收益。

四、文化规划方法："散文式"方法

关于规划方法，一般会将问题转化到规划编制层面。现有规划理论中的程序性规划理论较多涉及这部分内容，程序性规划理论是关于规划程序的理论，是对规划自身及其规律的总结，本质是在一定经济社会资源条件下指导规划编制过程的规律和知识的综合，关注的是规划自身定位、规划参与主体、规划编制程序等方面的内容。在实践中，规划的核心要素必须围绕下面几个环节展开：编制主体（利益攸关者）、编制程序（怎么编）、规划方案（编什么）、实施保障（怎么做）。① 就其中的每一环节都有较多研究成果探讨其中的具体细节。在文化规划中，这些基本原则与技术可进行借鉴导入，我国现有文化产业规划案例较多，将产业与事业融为一体，将文化规划关联到更多区域资源的案例还较少。可以理解的是即便单是文化产业规划的编制在现实实践已是非常复杂的事情，文化产业规划作为引导区域文化产业发展纲领性文件，有着举足轻重的作用，有着系统性、科学性、前瞻性、应用性特点。不仅需要经济学、城市规划、管理学、法学、中文、社会学、历史等多学科的理论指导，同时还要求编制者具有敏锐的观察能力和解决实际问题的能力。② 这实际上关注到，思维方式与

---

① 杨永恒. 发展规划：理论、方法和实践［M］. 北京：清华大学出版社，2012：55.
② 顾江. 文化产业规划案例精析［M］. 南京：东南大学出版社，2008：12.

思考问题的共识基础与方向在规划中的重要作用。在规划实际编制过程中，我们发现，对于文化功能的认识与如何建立共识有一个共同的思考方向与模式有较大用途。因为专业背景差异大，关联的人数众多，利益巨大，影响长远，因而简单有效、易于理解而本身有我们自己文化积淀富于启发性的思考方式成为寻找的方向。

　　考虑到文化规划说到底是关注未来的图景，我们既有知识结构中已习惯用"X"代表未知事物，或者说有辐射力的事物。关于文化底蕴，在传统文化中要找一个经典而厚重的文化符号当首推源自宋代的双鱼太极图，为了更简练和易于理解，我们将中间可以认作白色亦可认作黑色的"S"线条取出来，将两个S线条与"X"整合，很容易放大成简练的图形"8"或数学中的"∞"符号。如此联想，应用多次后很容易让我们对既有文化资源形成熟悉与亲近感，与中国传统智慧建立连接。将建构好图式整理如下：

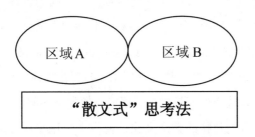

为较简易而又深入理解，使其成为真正能简化与聚合我们思维过程与结果的工具，可以采取与西方理论概念中尽力剔除概念词语原有内涵不同，我们不妨延伸概念原本带有的而又为我们所熟知的内涵来减少对新词的陌生感与所花费的时间成本，"散文式"三个字的声母可合写成SWS，用同样方式很容易转化为"思维S"，两个S的结合放大即成为上图框架，接下来即很容易注入丰富的相关领域的意义。单个的思考或创意S只是一个条线，两条线结合却可化线为面，成为两个有关联的区域，由此启发我们关注区域概念的弹性与巨大的包孕性，超越既有的传统行政区划竞争驱动模式，借助网联网与文化规划的力量，区域思维可以发展出新的共享资源，从而产生一种互利合作模式，这种模式可

以使资源不断生长增值，形成更多更大层面的区域交流合作机会。我们也可将其理解为从一个"0"复制一个结合之后，形成从 0 到 8 或"∞"符号代表的无穷大的效应，或者可理解为一个区域借助极少的文化概念或文化共识可形成整体效应。由此激发我们对文化结合点的关注。其方向在于从细微处关联到更多资源，所谓"尽精微来致广大"。使用"散文"这一概念能较好类比文化载体丰富多样，而内在却较集中与易于沟通，所谓"形散神聚"。而文化规划的实现过程即是一个内核与外化不断互动过程。

五、连接现实：长沙国际文化名城概念的价值建构

　　文化是城市经济全面振兴的内在驱动，长沙是湖湘文化的策源地，有着历史悠久、为数众多的文化资源，文化是长沙的第一优势，长沙文化蕴含着鲜明的人文文化，成为城市文化鲜明的特色和个性与城市灵魂的内蕴。但现代文化规划对文化理解更加平民、世俗、也更为宽泛，不同的群体，包括不同社会阶层、不同年龄层次、不同种族民族的各种文化生活与需求（如学习、参观、旅游、饮食、娱乐等）都被囊括其中，同时它们也是有待被发现、理解和运用的文化资源。① 但随着 20 世纪 90 年代长沙娱乐业与现代媒体文化的兴起，被遮蔽的厚重底蕴如何更好释放当代能量成为有研究价值的显性问题。

　　长沙近些年孕育的独特的大众文化，通俗文化逐步成为大众文化的主体构成，这种通俗，实际上是一种以人为本的文化倾向，是一种大众文化的理性回归。长沙的平民文化是以茶楼文化、歌厅文化、酒吧文化为代表的通俗文化，长沙主要文化休闲消费，展现了长沙大众文化的市井化、平民化倾向，另外，以农家乐为代表的市民休闲文化和以群众自娱自乐、自发形成的广场文化、社区文化有着庞大和稳定的参与群体，也体现了长沙大众文化的独特风采。

　　上述长沙既有多样性文化事实已见于诸多研究成果中，甚至已成为长沙常识，如何将这些资源提炼与转化，需要更具包容性抽象文化概念来引领与实现。

　　在这种背景下，加上长沙近些年城市快速发展，对文化与城市的关系提到

---

　　① 李祎等. 西方文化规划进展及对我国的启示［J］. 城市发展研究，2007，14（2）.

了更高层面，长沙国际文化名城就是这几年提出的较具涵盖面的概念之一，致力于以建设更高品质的现代化国际大都市为目标，坚持高起点规划、高融合发展、高品位建设、高水平管理、高效率运行，加强区域交通与产业联系，推动城市建设和产业发展同步，注重现代城市与历史文化融合，推进城乡融合发展和共同繁荣，提升城市整体发展水平，更加彰显国际品质和湖湘文化的世界特色。

概念内涵的充实，会让现实的举措更清晰更易于构建整体印象，如实施"走出去"战略，积极开发利用国外资源和国际市场，培育一批有国际竞争力的本土跨国文化公司和文化品牌，发挥武广客运专线、沪昆客运专线等重大基础设施的空间联系作用，进一步加强与环长株潭城市群及中部地区、珠三角、环渤海、长三角和东盟的联合协作，创新区域合作形式和内容，不断拓展发展空间。在文化建设方面设立长沙文化发展推介中心，整体规划与动态整合长沙文化信息传播，把握前沿领域的发展潮流，再整合与开发既有信息与文化资源，鼓励有条件的文化企业大力开拓国际市场，积极推动优秀艺术团体与港澳台、国际友好城市开展各种文化交流活动，把湖湘文化元素充分展示给世界。

更进一步分析，湖南文化产业总盘子虽已有较大规模，产业实力已有全国影响力，但湖南文化的深厚底蕴，地方历史文化的丰富资源并未借助产业的力量强力有机展现出来，转化为产业资源与实力，而且还有被现有强势文娱产业消解弱化的趋势，在当下国家推动中华民族伟大复兴的中国梦的潮流与大势下，这种"压力"实际上蕴含着一个湖南文化发展一个巨大机遇与战略性发展方向，那就是将湖南的高雅文化底蕴与地方历史文化丰富性以多种政策为牵引，结合当代需要，复兴湖南曾经的高雅文化与地方文化的辉煌与丰富性。比照甘肃获批并正倾力打造的以龙文化为主脉的华夏文明传承创新区，湖南完全有可能复兴引领与现代化生活更为合拍并息息相关的以凤文化为主脉的"江南文化传承创新区"，作为省会的长沙从而有了更大的责任与机遇在更高层面整合湖南的传媒、娱乐、演艺、文化旅游产业力量，走向更高一个层次，展示出湖南焕然一新的文化魅力与新的整体形象，从而在战略与长远发展的方向上形成自己的永久特质与核心竞争力，长沙国际文化名城概念这一方向上有着强大的现实发展资源与机会。值得特别注意的是文化产业中的许多细分产业实际上是竞争优势产业，在网联网时代可以不需要任何资源禀赋，只要注入与竞争对手有比较优势的资本就可以形成竞争优势产业，如这些年很多动漫企业不停地"周游列国"就是被各地不同文化产业财税政策吸引所致。说到底，湖南文化产业起步早，但有今天的在全国竞争后劲乏力的"瓶颈问题"出现，一方面说明全国的整体发展方式出现大转变超出当初的战略预期，另一方面，也说明当时的战略决策没有抓住湖南文化底蕴根子，着力发展张力性极强的具有不可替代性发展方向的、有着自己特色与根基的产业。如此看来，今天的国际文化名城概念已经不仅有着当下的现实意义，而且有着吸取历史发展经验的城市未来战略价值。

具体而言，综合长沙历史文化资源，结合当今的现实与特点，需有新思路主动作为。以前文分析相关理念与方法，在这里我们可以找一个小切口来分析现代文化规划的力量与魅力，那就是放大长沙的人文文化，以此来盘活带动相关资源，使得长沙国际文化名城概念的内涵越来越丰富、不可复制、不可替代，从而深度拓展城市发展空间。笔者以为在具体操作上，可先研究立项"浏湘人文风情线"项目，同时设立"浏湘人文风情线"管理办公室，持续动态引导与盘活百里湘江与百里浏阳河（"一江一河"在长沙大地上恰巧合写成大写的"人"字）沿线文化资源，抽象高雅的长沙人文文化由此以新鲜、具体、可体验方式为众人共享，使得长沙国际文化名城概念有鲜明的地方特色文化支撑，在精细服务当地同时对接更多领域与资源。

综合以上分析，我们容易理解，今天我们应超越现代文化规划只是少数专门人士专业技能的观念，积极主动拓展更多研究视野，发掘这一概念所能承载的更多价值，盘活更多文化资源，使资源不断生长增值，形成更多更大层面的区域交流合作机会。

第十八章

卷息传播：中国品牌理念创新

从大规模的理论引进研究转向到由中国话语主导的理论建设已成为时代的大课题与理论界难得的"黄金共识"。理论界与学术界的大观点亦为细分学术领域指出了努力方向。本章将品牌理论关联追溯深入到信息与文化文明最基础层面，关联既有观点"信息即万物与信息自身的别样表达与翻译"、"内向卷入与外向展开是文化与文明的内核结构"，汲取与转化中国传统文化特点与智慧，提出卷息传播概念，发展出新鲜理论话语并提出与之相对应的简洁易记易理解的图式：卷息传播图式。于是，借助于易于把握的年轻的较少理论资源拓展升华出具有大空间大面积跨领域及深度历史解释力的大传播学术基础概念与核心理念。卷息传播理念承载着传播领域本身发展的历史印记，转化着传播领域最核心的信息概念特性，又鲜明形成中外话语与思维方式的区别，特别突出着我国古今一脉的文化承接而又能与现代"气息"契合，最先出自中文表达的"卷息传播"学术语词漫卷着深深的中华传统学术气息而又鲜明体现着有着巨大影响力的新时代互联网思维。

舆论界有一种较高关注度的说法，将新中国成立后所做的革命、建设与改革三件大事与现在要做的标志性的事情形象地"转译"成解决"挨打挨饿挨骂"问题：1949 年新中国的成立，标志中国逐渐远离"挨打"时代；其后的建设探索与 1978 年进入改革时代后持续 30 来年的经济持续高速增长，中国已基本解决温饱问题，告别"挨饿"时代；但现在，中国已进入要全面升级多方面形象，解决"挨骂"问题的时代。后者表面看来是现实问题的倒逼，但展开来分析，却已关联到复杂尖锐的深层理论问题，涉及到建构设计描画我们到底需要什么样的幸福生活之路的大问题，关联到经典理论对这一大方向解释力的有效性问题，关联到传播、信息、文化与劳动的复杂关系问题。举目望去，这一问题已不单单是中国的问题，而是许多国家与地区都在着力关注的带有鲜明时代特征的经济全球化、数字地球村传播环境下"注意力形象力文化力"的更多可能的大问题。这种大问题的出现可以说是历史发展到新阶段的结果，是中国也是世界历史上从来没有的现象，一个和平崛起的大国诉诸文化的力量与传播沟通的力量以"美丽中国"解决"挨骂"问题的方式走向世界。于是，一个时代"天球"较近地悄然出现在传播领域旁边，期待传播领域的力量助力。但现实是中国传播学称得上是批量"引进"的产物，虽然经历了40来年的发展积累，但理论话语权远远低于中国传播实践的世界影响力，而且可以预见的是随着中国经济地位国际地位的进一步提升，如同曾经我们成规模引进世界主流传播话语一样，世界对中国的理论话语亦会成为刚性需求。理论与现实都在催生着中国特质的理论话语，尤其是有着较新颖角度与开阔视野、易于掌握而又在应用过程中收效明显的理念。因而，追寻有新意有解释力的理念成为重要的事情。借助既有为我们所熟悉的基础理论资源进行再提升与转化是一个可行途径。从易于理解的小领域特殊性再上升到普遍性是一个较有理论说服力的方式，"在信息传送者与接收者互动的过程中，因为文化的差异，存在互动过程中的各个变项的属性与功能，自然就产生了不同，而形成了传播过程的特殊性。因此传播学研究就可能具有本土特色。"① 关联众多领域与层面的当下中国的品牌发展问题称得上传播领域一个聚焦点，品牌的理论与现实可以成为讨论的核心题材。本章的展开思路是借力品牌理论而又超越品牌领域进入更大范围的传播领域。

一、笼盖四野：品牌理论话语的表层与深层

近年，位居全球单体广告公司第一位的电通公司曾做过内部研讨，每个参与者只准用一句话表达品牌内涵，主要结论有：品牌是记忆小盒；品牌是推动购买行动的东西；品牌是员工意识和行动的表现；品牌是给人生带来意义的机制；

---

① 陈国明. 中华传播学的展望［J］. 传播与社会学刊，2007（3）.

品牌是经过千锤百炼造就的精神；品牌是震撼心灵的东西；品牌是信息牢不可破的关系；品牌是一种结晶，是不断传承的信念；品牌是永远被选择的东西；品牌是编辑而成的作品；品牌是自我美化的工具；品牌是抓住心理的力量；品牌是笑容的连锁；品牌是企业的镜子；品牌是目的，是结果，也是迈向未来的力量；品牌是思想的形式化；品牌是令人心跳的魔咒；品牌是忘不了的记忆；品牌是超越价格的价值；品牌是记忆的积累；品牌是志向……我们常见的是说法是将品牌内涵表述成用以识别一个或一群产品和劳务的名称、术语、象征、记号或设计及其组合，以此同其他竞争者的产品和劳务区别。著者也试着结合国内既相关著作中较显性概念，将品牌概括成品牌是营销传播心灵之"六字一体"。值得关注的是，早些年，电通公司更愿意与人分享公司运作的较新较成功的典型案例。一个想法一旦表达出来形成固化的符号，便成为可关联更多意义甚至远远超出最初想法提出者的文本。理论根基在于我们期待的较理想理论的一个重要因素是要有较普遍的解释力，换个角度来说即是普遍性就存在具体事物中。我们可以有很多角度再深入细化分析这一文本。比如说从业界发展来说，公司已更注重理念的力量；从风格来说，侧重于具体化与简洁形象化表达；从品牌意识来说，从业者已自觉意识到专业话语的力量等等。若从中国传统文化角度来分析，这是一种金句式风格，会依个人对这一领域已有积累与关注的基础不同而形成不同收获，关联成不同姿态的点线面体，超越直线思维的结论唯一性，形成从一到多的扩散效应，于是产品思维与品牌思维在此形成区分，产品更多地由生产方单方面定型提供，而品牌则需要消费者的个人积累与感受。同样的品牌不同的消费者价值感受不一样。这种理念处理方法正是切中品牌思维的核心，每个品牌的长时段运作基本上都是围绕一个核心价值或称作品牌精髓的理念展开，可转化成中国诗句"笼盖四野"。这种将品牌业界运作的具体理念再升华再转化为理论建构有着一定新颖性与理论特点的显著性。

为了更清晰理解这种"一石多鸟"的超线性理念建构方式，我们再来看几个经典的品牌运作理论。20 世纪 50 年代，随着第二次世界大战的结束，社会消费能力提高刺激生产力水平提升，产品稀缺时代宣告结束，市场竞争加剧，发达国家由产品时代转向推销时代，在此背景下，美国广告人罗瑟·瑞夫斯

（Rosser Reeves）在继承霍普金斯的科学广告理论的基础上，根据达彼思公司的广告实践，对广告运作规律进行了科学的总结，首次提出 USP（unique selling proposition）理论：独特的销售主张，并在 1961 年出版的《实效的广告》（Reality in Advertising）一书中进行了系统的阐述。基本要点：每一则广告必须向消费者说明一个主张，必须让消费者明白，购买广告中的产品可以获得什么具体的利益。所强调的主张必须是竞争对手做不到的或无法提供的，必须说出其独特之处，在品牌和说辞方面是独一无二的，强调人无我有的唯一性。所强调的主张必须是强而有力的，必须聚焦在一个点上，集中打动、感动和吸引消费者来购买相应的产品。有了对这一理论的如此介绍，实际上也标志着这一理论又一次进行了跨时空的旅行。有学者分析道："鉴于知识分享的复杂性，中国传播学者在自身建构理论的过程中，必须对'理论旅行'进行反思—谁决定理论旅行的方向和方式？哪些理论得以旅行？所谓本土语境、在地经验，在理论的跨国、跨文化旅行中的作用究竟如何？研究者的主体性在理论旅行的过程中如何体现？等等"。① 理论旅行久了，旅行远了，可能具有超越本来的更大能量，我们很少看到研究者就 USP 理论的更深一层的思维方式进行追问，已有相关研究侧重对其取得的业界成绩与实用性及不足进行研究。国内有研究提出，品牌是"以战略大单品为经营核心的 USP、形象、品类创新、定位、广告等九大因素甚至更多因素的综合体"。② 从百年世界现代广告史来看，USP 思想已成为广告品牌营销思想领域的一块最显著且无法绕过的"基石"，承前启后，能量巨大，承载着广告人的智慧与尊严，体现着鲜明的专业特色。三言两语即能将自身核心要义表达清晰明白，在实践中又能跨时空应用并见到好效果。与最具传播领域特色的议程设置理论形成根本理念上的内在呼应。因为清晰有效易操作应用频次高对社会财富增值贡献大而赢得专业声誉与社会认可。是否有办法对 USP 理念进行价值再开发与理论新发现考验着后来者的学术更新力。这需要开拓更多

① 陆晔. 全球化时代的"理论旅行"与中国传播研究反思 [M]. 黄旦，沈国麟编. 理论与经验 [M]. 上海：复旦大学出版社，2013：31.
② 沈志勇. 大单品品牌—重新定义中国品牌模式 [M]. 北京：电子工业出版社，2013：22.

思考视野与层次。我们发现可将创意联想思维直接用到理论建构上来，进行文化寻根，可将 SP 连接到"SPQR"，便很容易联想到有着狼奶孩子传说的罗马建城故事，联想到罗马不是一天建成的历史典故。由此 USP 理论有了较深厚人类化解尖锐矛盾与和平发展的善文化期待的事实基因。从形象创意视角来看，U 可视作 unknown 的代码，S 可形象视作关联中国飞天形象的褒衣博带的意义飞动的有"意味"的线条①，P 可视作成形旗帜的象形，于是品牌运作关键步骤尽在其中，从未知不出名到经由创意传播营销思维最后成为可具体外展之物。依照如此思考方向，我们很快会发展出很多新的意义，不同文化背景的人对意义的认可与选择又会不一样，有的可能会更认可自己生发出来的意义选择。而这种思考转移到品牌运作领域会发现这正是品牌运作的与众不同之处。又如说得较多的威廉·伯恩巴克（William Bernbach）的 ROI 理论，其核心主张是优秀的广告必须同时体现三个基本原则，即：相关性（Relevance）、原创性（Originality）、震撼力（Impact），三个原则的首字母缩写就是 ROI。虽然伯恩克是广告唯情派的旗手，是艺术派广告的大师，结合 USP 理论的分析方式，进行意义飞动的本源思考，会发现 ROI 三个字母有着坚实的科学哲学的根底。O 与 I 两个字母可视作曲线与直线的抽象，已具备全部字母的特征，R 是常识中圆半径固定代码。放大来看，任何事物都很容易发展出这种超越"原本意义"的信息。USP 易于关联到人文核心要义，而 ROI 易于关联到哲学符号学根本。也可以说，这种思考方向如果是超越了理论提出者原本的预设或相关研究，我们可以说是新发展新拓展了这两个显著性的品牌广告理论，使之更有当下或更长远的解释力与文化内涵。在此，为表述方便，特别提出一个新概念：卷息，特指超越表层意义的信息。于是，以此为基础，开拓出新的传播视角：卷息传播。很多专业领域如艺术、美术、心理学等都有很多理论关注这一层面，但关注的核心不是传播的核心理念。但在传播学领域中，我们的经典理论主要来源或者说应用得较多是来自美国研究战时传播的附产物，强调的是直接或间接的传播方发出

---

① 薛晓源．飞动之美——中国文化对"动势美"的理解与阐释［M］．北京：中国人民大学出版社，2010：185.

信息后的传播方的利益，对于超长时期的传播战略设计，长久和平时期的传播思路可操作性强的有解释力的方面还不明显。显然，品牌领域的思路是一种和平时期的一种长期传播设计考量，这也是著者着意以此来观照传播的原因，在现实中也确实如此，一开始，品牌广告与传播就不是在一条线上跑动，广告是广告，传播是传播，广告只管小视野，传播只管大视野，只是到近些年二者才有意识地被融在一起发展。如此分析，我们可以说读出了既有品牌理论的更多信息量。

超越出来看，我们可以将卷息传播拓展出核心与外围的视野。"把一个理论分为'内核'和'外围'两个部分，是著名科学哲学家伊莫尔·拉卡托斯（Imre Lakatos）的一个观点。他认为在科学的发展过程中，当一个理论或他所谓的'科学研究纲领'遭遇新经验挑战时，科学家们通常并不像另一位科学哲学家卡尔·波普尔（Karl Popper）的'证伪主义'所说的那样，简单地抛弃（即'证伪'）这个理论、转向新的理论，而是通过对理论的外围或'保护带'的调整，来维护理论的'硬核'。"① 暂时起作用的东西都可视作理论的外围，而较深层的理念有着长期的解释力。如此观察，可发现以上提及品牌广告理论在传播环境剧烈变化情况下深层理念依然可拓展出有效解释力。

二、亭亭玉立：卷息传播图式

传播学经历了一个生机勃勃的发展过程，其间有吸纳，有整合，这个过程是美国实用主义、德国批判理论和英国文化研究理论融合的过程。依靠现代大众媒介运行的社会是一种机制极其不同的社会，中国社会正在越来越深地涉入其中。现代大众传播的各种新形式从一开始出现的时候就会被知识界作为新事物加以关注。高科技媒介的威力正以不断增强的方式发挥出来。②

为易于理解，我们可考察一个数字传播环境下新颖的业界品牌传播活动。Old Spice 是宝洁旗下子品牌，这个品牌在营销上倾向独辟蹊径，最近又出了新

---

① 童世骏. 中西对话中的现代性问题 [M]. 北京：学林出版社，2010：343-344.
② [美] 汉诺·哈特. 传播学批判研究——美国的传播、历史和理论 [M]. 何道宽，译. 北京：北京大学出版社，2008：1-2.

花样。热爱跑步的人都喜欢用已成随身媒介的手机上的运动类 App 记录自己的跑步路线，再将其分享到社交网络赢得点赞和鼓励。Old Spice 就势推出了"Old Spice Dream Runner"的移动网站，你若跑出你想要的物品的图形轨迹，Old Spice 就会送你这个礼物。这种稍稍更进一步即可将日常传播生活方式转化为现实价值的方法已是如此简单快速与低成本。这种借助已有传播资源而非从 0 起步的传播现象如用已有传播理论公关理论解释总感觉助力不够，如用卷息传播视角来看，很清晰明了，对既有信息资源的再转化。总体来看，既有的传播理论好似都在追求笼盖四野，结果理论本身也亦成为一个有较大难度与深度的领域，要很清晰掌握传播理论领域中的核心要义已变为专业工作，而品牌传播理论好似寻求的是亭亭玉立，寻求的是易掌握易应用，核心要义清晰明了，在实践中很快见效。既有的理论资源也是很好的说明，掌握品牌理论的核心要义是一件较容易事情，但也就会出现理论营养能量不够的问题。卷息传播试图寻求一种有笼盖四野思维的亭亭玉立。在抽象与具象、复杂与简单之间持续互动发展。这需要追问到更大的层面，信息的深层理解问题，文明与文化发展规律的问题，而这些方面具体要义三言两语已说不清楚，有成规模的文献积累，也许将文化资源与规律都转化为信息表达，再从信息关联到具体是一个易于理解的思考方向。这里需要特别提一个概念，那就是全息。最开始，全息（Holography）（来自拉丁词汇，whole + drawing 的复合），特指一种技术，可以让从物体发射的衍射光能够被重现，其位置和大小同之前一模一样。从不同的位置观测此物体，其显示的像也会变化。因此，这种技术拍下来的照片是三维的。现在全息概念已较多被转用到信息研究领域，全息既是一个科学概念，又是一个哲学概念，指事物的部分或痕迹，蕴含着关于自身全部（已知与未知的）演化过程的属性与规律（所谓"全部"则难以证明）。① 个人以为结合"分形"的概念可能更容易理解这种思考方式。若要比较卷息与全息到底是什么关系，著者以为这是不同层面的问题，全息是强调事物可以被信息化，强高一种静态的高保真度。每个能沟通的信息无一例外都是卷息，这里的卷既可以是向内也可以

---

① 霍有光. "信息哲学"的争鸣与思辨 [M]. 北京：世界图书出版公司，2013：34.

外向展开，只是程度深度不同。卷息侧重关注人与信息之间的关系问题，编码与译码的表层与深层，更多的可能与能力，从而开拓更多传播空间，盘活、涵养与更少代价动态运转更多信息资源文化资源，贡献传播力量，丰富中国传播话语。若要找一个其他领域相关概念来更好补充说明这一方式与方法，中国文化中"卷"字本身的丰富含义与含义非常广泛的"翻译"一词的内涵值得关注。就这一话题，著者曾提出过相关观点："信息即万物与信息自身的别样表达与翻译"、"内向卷入与外向展开是文化与文明的内核结构"。① 有一个相关观点值得特别转到传播领域来思考，那就是一切文本皆"译文的译文的译文"。②2001 年英国召开的以"翻译与协调（Translation and Mediation）"为主题的翻译学国际学术会议上，文化学派再次明确提出对翻译的形式重新界定，认为翻译不仅仅是两种语言、两种文化的翻译，也包括从"文字到图像（如电影、电视）"、"图像到文字"、从"文字到文字（如小说改编成剧本）"等各种形式翻译。③ 甚至有专家认为翻译是一个"集合概念"（cluster concept），要给翻译下一个具体明确的定义是不可能的。"每一个文本，每一个单词，都包含着'被翻译过的'成分。"④ 走笔至此，已可将模型图式抽象出来，不妨先定义一个卷息传播可关联到的最内核信息为母息，这一新定义的概念可视作我国传统文化"生生不息"大理念的学术再抽象，整个图式可视作多重创意方案"并案"成果的集合升华，母息表达的是最核心的"并案"，指代与锁定文化核心基因，这一思考方向的学术表达有悠久丰富的学术资源与相关研究，卷息传播有基于时代与现代先进传播技术的新意，可视作创意传播方案"并案的并案"，将表象与深层以最少代价整合活化起来，抽象具象与象征意义明显。将卷息传播图式

① 周自祥. 文化产业理论沉思 [M]. 上海：上海交通大学出版社，2016：3，23.
② Paz, Octavio. Translation: Literature and Letters (1971), in Schulte &Biguenet (eds.) Theories of Translation: An Anthololy of Essays from Dryden to Derrida, The University of Chicago Press, 1992, p.154.
③ 李波. "两个会议，一种声音：翻译学学科的未来发展" [M]. 中国翻译，2001 (5). 转引自朱健平，译. 跨文化解释——哲学诠释学与接受美学模式 [M]. 长沙：湖南人民出版社，2007：195.
④ 朱健平，译. 跨文化解释—哲学诠释学与接受美学模式 [M]. 长沙：湖南人民出版社，2007：195 – 196.

"翻译"定型成如下样式：

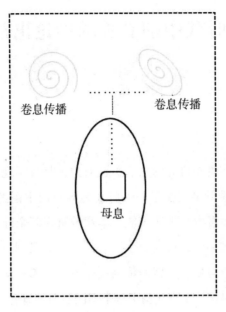

卷息传播图式

第十九章

新全球化时代中国品牌的理论出路

中国品牌已是当前诸多研究的焦点关注对象，是百年现代经济与时代发展的前沿显著现象。但显见事实是中国品牌实力与目前中国经济实力还不相称，中国品牌发展有着巨大潜力与现实可能。本章侧重在新全球化时代对中国品牌的理论思考需超出经济领域，放大更大更长范围，关联到更多领域，立足于长久和平时期的传播思想与超长时期的传播战略设计来考量，而这种面向刚好和中国文化特质能有机对接。本章建构了三个不同层面的概念："自构其美、天人合一"；"接合、一拍即合"；"预期加码、'码'化新概念"，将其整合成"968模式"，以期为品牌领域贡献有较强解释力与超越性的"中国地方知识"。

2017年5月10日是国家层面发布并实施的首个"中国品牌日"，一些相关活动也形成了一定影响力。2018年举办的相关品牌节日活动更为隆重与丰富。将这一节点放到中国与世界历史长河中做一比较，可以发现这一看似普通的节日承载的是显著标志着中国经济社会转型升级与中国人生活方式在整体上的真正历史性超越，因而品牌供给发展能力与品牌生活方式的合理性有着急切而重大的学术理论需求。但值得我们关注的是品牌理论与别的理论不同之处在于其关联与消化着所有其他领域的知识与资源，品牌功能与效应变得十分复杂，它已是世界的另一种通货，已不为个别公司或国家所垄断，但善于利用品牌规律发展品牌的公司或国家却可能获得相当丰厚回报。品牌效应说到底是文化资源现代价值的发现与高水平变现、发展、转化。追寻现代品牌发展的百年足迹，会发现品牌理念有一个鲜明的依赖贴近产品理念而后远超产品理念的跃升过程。这一跃升集中体现在美国20世纪40至60年代一批杰出广告人广告公司的理念与实践，他们发现了品牌可以承接变现创意创新价值至产品与服务的深层思想，尽管他们的理论表述显得太过简单片面与不成体系，但其明确的易把握的理论取向与取得的巨大实践效果，值得我们进一步思考品牌在新时代的更多可能。本文力图结合新的大时代特点在品牌的哲学理念层面与传播实践方向上注入一些深度与中国文化味道。

一、何谓新全球化时代

全球化是 20 世纪后半期兴起的、由发达国家和大型跨国公司主导以金融与经济全球化为主体的显著世界潮流，经历了一个从不明朗到清晰的较长过程。"新全球化"一词在 21 世纪初公开发表的诸多刊物论文中已作为关键词出现，但其内涵与思考方向是在如何更新与弥补既有全球化方式所造成的世界秩序所发生的新问题与新的传播技术与文化发展而可能产生的影响，其逻辑大框架依旧是西方现代化思维的发展与延伸，较少论及东方思维与中国文化理念与中国方案。联合国教科文组织的《章程》指出了当下人类社会面临广泛而深刻的危机问题的实质："战争起源于人之思想，故务需于人之思想中筑起保卫和平的屏障。"让人耳目一新的是，随着近年中国主动承担和平崛起大国的世界责任，尤其是中国倡议的"一带一路"从大构想快速变为一项项具体蓝图与不断推进的实施工程，为世界带来了巨大的新平台与新变量，这一显著的世界现象级的大事件很快波及到世界思想高地的"世界屋脊"之新全球化理念，为其注入了崭新的内涵，放散出来自真正的世界屋脊之地的中国文化与智慧的温暖亮色霞光，我们甚至可以将今天的新全球化定义为中国智慧地建基于中国经验之上、主动探索出的理论与实践并重、为解决自身问题亦同时利于世界、富有长久生命力富有新意的"中国方案"。新全球化理念几乎囊括尽了当今世界较有影响的和平、和解、发展、绿色、人文等国际与时代特色鲜明厚重结实的理想大理念，而又盘活了有中国独特印记且有世界影响力的历史文化资源，如当代中国的和平发展合作理念、中华文化核心价值理念、新丝路文化与精神。新全球化理念正成为具有巨大学术导引力的大学术概念与世界的现实生存图景。除了有世界现实难题激发，其物质基础在于作为世界大国的中国和平崛起后开始寻求学术的自我主张，愿主动秉持人类命运共同体的理念与世界同行，另一个时代性的物质基础在于世界范围内的传播技术已高度发达，既往的世界传播秩序信息流通方式已发生颠覆性变化，传播与生产消费与财富增长的关系越来越密切。1936年，张岱年即在《哲学上一个可能的综合》一文认为："今后哲学之一个新路，当是将唯物、理想、解析，综合于一。"其大方向承载的是人类集体智慧对过往一切发展历程、收获与失当，尤其是刚刚走过的世界大战方式主导的20世纪反思升华的成果，也是对21世纪与未来世纪一个具有想象力的主动的世界发展方向战略设计，已形成较大吸引力与可行性的新起点。因而可以说我们正进入一个可能较长期存在发展着的"新全球化时代"。沿着这一思考路径，我们还可以有很多复杂的学术牵连盘根错节的可表达的话语，但无论怎么表达也只是基本理念脉络的理顺与实践展开。若我们换一种逻辑，用品牌话语来分析的时候，我们会有一种观念体验的"新鲜感"，尽管是如此重大的命题与学术创建，但依然可简化视作一个品牌运作过程的关键环节之品牌核心价值的相对定型。要取得更好的实践与发展效果，依然有着活用品牌整体运作规律的必要。于是，我们会惊奇于只要世界长久和平发展，整体世界的复杂的运行规则清晰地投射于品牌规律之中。品牌成为人类的伟大发现与再发明，成为人们把握世界的思想方式、生存与生活方式；于是，在我们印象中日常生活中常见的品牌方式有了更多理论思考的必要。

二、一旨："自构其美、天人合一"观念的常识化

"自构其美、天人合一"，将"天"与"人"两个关键字的互动效应放大成八个关键字、两个短语之间的更多层次的无限的网状关联互动，无限多的大环节与小环节的环环相扣，形成了一种理路的易于理解的不停更新生长着的循环通路，从而有效地贴合着人类社会现实而又推动着现实社会发展。"要得发，不离八"，一个支点，无限可能，所形成的无数的节点可以极小化，而网络能够极大化。"自构其美、天人合一"八个字形成了来自中国学术界的支持业界发展的根本理念贡献。天人合一是中国传统文化中的一个核心概念，是中华民族五千年来的思想核心与精神实质。可以将其解释为人与外在世界的辩证统一关系，

人类所独有的生生不息、则天、希天、求天、同天的完美主义和进取精神，放射着中华民族的世界观、价值观的思维模式的全面性和自新性光芒。甚至有当代学者认定，天人合一论是中国文化对人类最大的贡献。这一用四个字高度聚焦有着丰厚中华文化资源积累的学术判断值得我们特别关注与继续深入思考，这一理念在今天新的可能在什么地方，如何合适地低成本大收益地释放出大的文化资源能量。既有的解释资源偏向于与历史文化密切结合来理解，形成的是关于过往历史文化与政治状况与高度道德修养的较强与较贴合的解释力。追求的是天的规律与人的一切实为一体或有整合为一的可能，达到所谓的一种"万物与我为一"的精神境界。

在这里，借用"天人合一"这一概念除了有历史文化管道的接通考虑外，这一概念有着释放对接当下大大超越任一历史阶段的媒介环境的新可能。为了更好理解可能释放出的新意，在此特意提出贴合品牌发展特点的概念"自构其美"来对接理解。这一概念的主语可以有多种主体，可以是消费者个体，亦可以是品牌商，我们知道现在我们说得较多的是品牌价值存乎于消费者心智之中，但由品牌商来维护与管理，其初始形象与持续形象虽部分来自消费者意见，但具体的表达与运作过程是传播业的可能服务能力作用的结果。于是，从这一小层面来说，传播业的服务能力能与"天"的概念做一类比，有着有限性与相对客观的规律性。从品牌发展历程来看，品牌从与产品贴着走，甚至品牌与产品不分，到精心寻求品牌形象定位，充分借力传播业能力放大形象力量，收获形象利益，再走到今天就是越来越往人的特点贴近，深度关注目标客户的喜好与细腻情感，与产品方式的距离越拉越大，即品牌个性运作方式成为业界的常用作业模式与思想遵循。这实际上就是一个尽可能地接近"人"的一种方式，在这一个层面很容易建立起品牌运作的"天人合一"模式。

事情往往不只这么简单，看上去好像只不过将业界已有的运作流程"翻译"成了另外的词语。现代品牌理念经历了一个逐渐深入与提升的过程，并与广告认知有着密切关联。当今世界品牌500强榜单中，美国接近半数的份额，在刚公布的2017年榜单中，中国上榜55家，为历年之最，反映出我国品牌力量在近年有着较快的成长，但与品牌强国相比，有着巨大差距。但追索美国并不太长的品牌经济发展史，可带给我们一个可资比较借鉴的资源。广告表现常在争议批评中发展，而品牌研究却找到巧妙的表达方式。史学著作《光荣与梦想》中论及"追逐幸福"部分时有相关论述为，20 世纪 50 年代，美国广告正步入黄金时代，对消费者欺诈和操纵的概念已然不新鲜，但人们开始普遍意识到这种现象是基于这个时期对消费者消费驱动力的研究，而这种驱动力正变得越来越复杂。他们为建立在肥皂的香味、泡沫的结构和纺织物的洁白度上的帝国自豪不已。① 史学界的广告观点偏向的是用事实说话，局部反映着广告思维与实践曾走过的艰难的开拓性之路。但当这些努力转化到新境界的品牌成就时，我们会从品牌研究专家那里获得超越性的研究视角启发，现代品牌管理领域有以 8 种译文畅销世界的公认的品牌三部曲：《管理品牌资产》、《创建强势品牌》、《品牌领导》，其中第二部开篇的强势品牌主题有引言：要做最佳，你需要什么？专注、纪律和梦想。——奥运会金牌获得者弗罗伦斯·格里菲斯·乔伊娜；一个橙子……只不过是一个橙子……还是一个橙子。当然，除非它碰巧是一个新奇士橙子，80% 的消费者都知道并信任的名字。——新奇士首席执行官拉塞尔 L. 汉林②；在第三部开篇写有"曾担任过宝洁公司 CEO 和美国国防部长的尼尔·麦克尔罗伊（Nei McElroy），在 1931 年 5 月时还只是一个初级市场经理，负责佳？牌香皂（CAMAY SOAP）的广告宣传。"③ 当了解了一些品牌基本运作常识并对品牌有一些思考后，再来看这两段开篇之语，会发现作者用了精微而深刻的品牌语言方式来表达品牌精华中有着非常多耐人寻味的东西，甚至与具体的品牌产品也不是一回事，会发现品牌的事远远超过品牌基本常识、品牌案例、品牌运作本身，它已经从曾经是广告的一种方式与手段中强力超脱出来，成为世界范围的国际竞争甚至是大国竞争的新领域与新方式。正是在这种意义上我们认为要构建指导品牌发展的根本理念是非同小可而又能收益面巨大、影响深

① ［美］威廉·曼彻斯特. 光荣与梦想：1932—1972 年美国叙事史 ［M］. 北京：中信出版社，2005：313.

② ［美］阿克（Aaker, D.）. 创建强势品牌 ［M］. 北京：李兆丰，译. 机械工业出版社，2012：1.

③ ［美］阿克（Aaker, D.）. 乔基姆塞勒（Joachimsthaler, E.）. 品牌领导 ［M］. 北京：机械工业出版社，2012：1.

远的事情，这就需要寻找到较牢固根基深层适合中国而又能贡献世界品牌话语。因而不忘传统而又能顾及国情成为必须考虑的因素。"自构其美、天人合一"作为指导品牌发展的内核思想到底好在哪里，除了前面提及能借助语言词语本身资源多频次连接通国脉文脉，这一理念有着巨大的理念张力，关注到了人的认识能量的巨大空间、结构过程与细节等曾被忽视的部分价值实现的可能，充分关注到了所有参差不齐都有生长的可能，都有在今天的新传播环境下链接融合价值增值的可能。指向的是无止境的化解矛盾创造价值打开一扇窗可看到的更进一步的大图景。有一个人类学领域的观点可能在此带给我们相关启发，我们可在"透过'使整体得以落实的各部分'来构思整体"和"透过'诱发出各部分的整体'来构思各部分"这两种思路之间来回跳跃，并凭借着一种持续性的智识运动，设法将它们转变成相互的解释。① 可进一步思考的是，品牌不只是寻求解释就完结，它的要义是要将解释与现实价值产生紧密联结。

三、二合：接合、一拍即合

有了"自构其美、天人合一"品牌根本理念的建构，对新闻传播业的理解与认知亦会成为必须深入的问题。因为品牌业的强大与传播业的发达有着密切关联。但传播研究是一个非常大的话题，传播研究领域甚至有所有学科都可以整合成一个学科即传播学的大设想，但真正属于传播学本身的根基性的理论与方法常常饱受质疑，随着数字化技术信息技术传播技术的飞速发展，全球传播环境与大众媒介刚兴起时相比，已是崭新的另一番天地。原有的经典传播理论面临着退守到专门领域知识发展史中去的危险，对专业领域与业界的解释力与导引力越来越趋于弱化，于是理论建构与实践需要的矛盾不是在缩小而是增大，在专业研究队伍越来越庞大，研究投入越来越多的今天出现这种现象，反映出传播研究领域有着较多障碍，面临着很多问题。甚至有研究开始反思传播研究领域的投入产出问题：相对于整体研究投入大而产出与获得的社会回报却相对

---

① ［美］克利福德·格尔茨. 地方知识：阐释人类学论文集［M］. 北京：商务印书馆，2014：83.

低。不知是否与品牌一直处于经济前沿相关，我们会观察到整体上看在品牌领域是以较少的成本创造出了丰厚的效益与社会回报。甚至在世界学术话语的前沿，亦可以嵌入品牌话语，可以说全球化方式是超出国家品牌方式的将"整个世界"视作一个大品牌运作的方式。我们现有的主流的传播学科规范方式思考与实践的方向是力图通过发展含有合理归纳的，能够解释与制作加工有关效果现象的可以检验的理论，来理解符号和信号体系的制作、加工和效果。偏向于量化方式，而在研究不同的社会语境中，符号系统的本质和意义，以及意义如何被赋予与接受上，颇为不够。① 但品牌理论一直关注核心价值与其展开方式之间的关联。品牌理论最早主要是由广告营销界主导，到后来才主动导入传播理论资源。无疑今天品牌及其相关的属于意义哲学一脉的符号学开始重新成为传播理论的发现对象。有学者认为，在理论方法的实践上，一切认知、题旨和问题意识可先从华人社会的生活肌理和脉络入手，寻找出重大问题的内在理路，然后逐渐提升抽象层次，拾级上升到一个高度，自然会与整个文献（不管是本国的，还是外国的）直接接触，这时我们站在制高点取精用宏，有意识地选择最适当的理论。② 当然这里还有一个学术共同体集体有意识协作发展学术观点以及自觉提出汉语特质的学术概念问题。在实施方法与标准层面以"接合、一拍即合"两个词承接"自构其美、天人合一"根本理念，可以看作"合一"之"合"的联想延伸与展开，而"接合、一拍即合"即跳出了我们过多以更多字词来修饰"传播"二字展开研究的惯用方式，以中国文化侧重根本而又易于意义飞动的特质，义理地简易地抓住了传播的精髓、传播的核心能力、传播境界的"天"与"地"。于是我们考察人类传播发展史会发现传播领域实际是上在解决三个问题：能不能连接，能连接哪些东西，连接的载体效率能高到什么程度？如此追问，品牌与传播的深度关联就凸显出来，现代传播在很长时间内关注的是外在的克服空间距离或超越时间障碍的接合，而品牌则收获着无数"接合"的时间性与空间性积累，二者在"一拍即合"处实现最佳境界。如此汉语

---

① [英] 麦奎尔. 麦奎尔大众传播理论 [M]. 北京：清华大学出版社，2006：8.
② 李金铨. 关于传播学研究的新思考 [M]. 传播学新趋势 [M]. 北京：清华大学出版社，2014：17.

表达，降低了人们进入共享传播力量的门槛与成本，而又能以大框架的方式不断生长积累新的学术发现与建立共同的知识经验。

四、二码：预期加码、"码"化新概念

预期加码、"码"化新概念已下行到具体的品牌运作技术层面，又能内在地对接"接合、一拍即合"传播思维与"自构其美、天人合一"品牌根本理念。"预期加码"已是在新闻信息中出现的高频词汇，但将这一关键词发展为学术核心概念的研究文献较少，但作为一种业界运作的操作技巧已应用在很多细分领域，预期加码的运作模式能有效减少社会交易成本，化解社会矛盾与风险，激发社会活力，提升人们生活幸福水平。在这里固定为关键学术概念，需要为其赋予更多意义与提供关联较坚实的学术前提来增加这一概念的力量。这里的"预期加码"内涵关键在于对"加码"的理解，除了有"超预期"的共识含义外，还可视"加码"为双关义，视为在这一概念本身即体现出"多走一步"的实现超预期的思考方向与具体操作方法，即可面向人类已创造出的丰厚资源的"信息符码"与因时因地因事的具体信息采用的有限性之间形成的广阔天地中寻求解决之道。从而很快关联到当今的以品牌方式为核心的文化创意产业。这种方式可形成万物齐长的无限分散又无限融合整合的充裕哲学模式，从而会发现，"在那里，新价值（既包括经济价值又包括文化价值）、新知识和社会关系的新形态，都是自然形成的，而不是'刻意支配'的"①，文化创意产业处于全社会通过一些运作机制采纳之、保持之的过程之中。所谓预期实现程度实际上是人们基于自身已有资源与能力对目标对象未来发展的一种预判的贴合程度，当今已发展到这样一个阶段那就是无论一个人或组织能力多强大，都不可能全部消化人类已积累的文化知识信息资源，更不可能穷尽与占有人类未来的所有想象与蓝图。于是，无论一个人的预期是什么？只要真实表达出来，或被测量到，就有被另外资源预期加码的可能。在数字化、信息社会、云计算、智能化的今

---

① ［澳］约翰·哈特利. 文化研究简史［M］. 季广茂，译. 北京：金城出版社，2008：18.

天，我们的预期测量与分析、实现与满足的能力已变得越来越发达。有学者认为，有时，知道也并不一定就能够作判断，但是如果不知道则根本无法作判断。知识是判断是非的基础，同时知识具有启发性，可以使人产生判断的能力。……如果知而不能用，则知是抽象的，所以如何把知用于生活之中，是十分重要的。①

看一个实例，1996 年，丰田汽车公司制造了一个只有米粒大小的能够"运转"的汽车模型，这个模型虽然花费比一辆真实的汽车还要多，却没有任何实用价值。但不必为此担心，它吸引了观察家们，人们期望这个稻谷雕塑能够带来惯常的好运气。人们能从如此小事物中获得巨大快乐，并常常赋予它们强大的力量。我们也可以这样理解，某些小事物的确有巨大的社会影响，我们可通过这种显著的技术过程中看到这一点。② 这种方式附加了一种远超汽车产品实用功能本身的东西，很容易形成一种受到广泛关注的传播效应。抽象来看，这种将物体规格数字大小尺度进行特别变化的塑形，形成了某种偶像或广义的浓缩形象。实际上这种方式可关联到久远的人类智慧，"古代世界不可思议地把数字与物质实体的性质联系在一起，与事物的因果关系联系在一起。在这一点上它颇像科学，直到近代，科学始终倾向于将一切客体量化。然而，数字似乎既有余音绕梁和反复回荡的一面，又具有可以触摸的实实在在的一面。"③ 我们也可以这样理解，米粒模型代表着人类能形象地具体地通过数字与意义单位来把握世界的重要方式，"人们只有通过知觉一个例示这一结构的系统，才能把握那些凭借简单模式识别的结构。"④

深入理解与高水平实践"码"化新概念是有难度的事情。概念是思维的基本单位，可视作浓缩了较多信息的精辟的想法，是人类对一个复杂的过程或事物的理解。日常生活中人们往往将概念视为名词或词语，但我们这里强调的新

---

① 成中英. C 理论：中国管理哲学［M］. 北京：东方出版社，2011：190.

② ［加］文森特·莫斯可. 数字化崇拜［M］. 北京：北京大学出版社，2010：72.

③ ［加］马歇尔·麦克卢汉. 理解媒介：论人的延伸［M］. 何道宽，译. 北京：译林出版社，2011：130.

④ ［美］斯图尔特·夏皮罗. 数字哲学：对数的思考［M］. 上海：复旦大学出版社，2009：276.

概念是对已取得成就的"更上层楼"的关键点的抓取，是对已经取得成果或所获体验的高质量的文化转化与极低成本的空间拓展新路标与为另外"预期加码"效应贡献的新起点与文化财富的增长方式。这有利于我们进入一个精细无限的领域，有助于全社会走向易于着手又可不断努力不断收获的大方向。也可以说，在做出一些努力完成一件事情后，还须总结经验，联结已有资源，探索新的可能。而这正是优秀品牌的运作方式，总能推动其产品与服务不断更新，满足消费者新期待。于是如何提出与落实新概念的方法与理论成为我们关注与寻求的对象。这实际上就对接到我们今天说得较多的创意创新的问题，现在很容易找到相关论著较详细论及头脑风暴法、横向思维法、水平思维法等具体的研究方法，在此导入一个很容易转化至创意创新领域的文学领域的理论，那就是20世纪初俄国什科洛夫斯基提出的"陌生化理论"，① 其中一个观点是运用普通语言中没有或不用的新词语、新用法即可形成陌生化效果，也就是形成了具有创意创新特质的成果。将这一方法放大即进入到符号学领域，人类是唯一能从符号的提炼、选择、简化、歪曲、变换以及创新中重组过去的史实，认识现在的状况和展望未来的发展之生物。② 而且今天的人是被包围在符号世界之中，以至于人的活动都是凭借着符号这个中介来认识世界的。③ 从最容易接触与理解的地方入手再发展提升，这可能是较低成本的简易的不断积累与提升全民创意创新素养与能力的方法。值得注意的是，这一学派太过注重形式的重要性，在实践过程中，需要我们特别在新概念的现实指向与有效对接上更进一步。有了社会整体氛围对创意创新标准的认知接受欣赏与实践能力的不断迈进，我国厚重的文化资源积累与创造出的新文化成果就有了更多时代化日常生活化的动力与价值，融入与借助当下各项事业发展与各产业力量，从而发展中国品牌而又借助中国品牌助推文化红利、数字红利、符号与意义消费红利、经典红利等系列

---

① 夏之放. 文学意象论［M］. 广东：汕头大学出版社，1993：49.

② Murray Edelsman, Politics as Symbolic Action, Chicago：Markham Publishing Co, 1971. p. 2.

③ 胡国胜. 革命与象征：中国共产党政治符号研究 1921—1949［M］. 北京：中国社会科学出版社，2014：1.

红利价值实现。

总结

"预期加码、'码'化新概念"、"接合、一拍即合"、"自构其美、天人合一",这三个不同层面的理念概括按字数可再简化,不妨称之为"968 模式",从而具有更高的抽象程度,形成了新的简易把握的方式,创新与丰富了我们的理论话语资源。换个角度看,这一简洁易于理解的理论建构提升的过程本身又可作如何进行信息资源再加工与再转化的方法示范,而在品质上总是积极上行精益求精地服务需求者正是品牌的要义,从而以较少的资源实现对品牌诸多层面的较全面与较深度的把握,从而为品牌的方向性发展与技术性实践寻找与建构起一个理论支撑点。

最后,结合标题的"路"字,转引大家熟知的文学名篇《故乡》的最后一段落作为结语:"我在朦胧中,眼前展开一片海边碧绿的沙地来,上面深蓝的天空中挂着一轮金黄的圆月。我想:希望是本无所谓有,无所谓无的。这正如地上的路;其实地上本没有路,走的人多了,也便成了路。"①

---

① 鲁迅. 鲁迅全集(第一册)[M]. 北京:线装书局,2016:40.

主要参考文献

[1] 郭湛. 主体性哲学：人的存在及其意义 [M]. 北京：中国人民大学出版社, 2010.

[2] 顾江. 文化产业规划案例精析 [M]. 南京：东南大学出版社, 2008.

[3] 陆扬. 文化研究导论 [M]. 北京：高等教育出版社, 2012.

[4] 李思屈等. 中国文化产业政策研究 [M]. 杭州：浙江大学出版社, 2012.

[5] 邹广文, 任丽梅. 科学发展观与中国文化产业实践 [M]. 北京：中央编译出版社, 2009.

[6] 陈伯君. 中国文化产业振兴之路 [M]. 北京：中央编译出版社, 2009.

[7] 陈初友, 王国英. TOP 创意学经典教程 [M]. 北京：北京出版社, 1998.

[8] 白庆祥, 李宇红. 文化创意学 [M]. 北京：中国经济出版社, 2010.

[9] 贺寿昌. 创意学概论 [M]. 上海：上海人民出版社, 2006.

[10] 周有光. 汉语拼音 文化津梁 [M]. 上海：三联书店出版社, 2007.

[11] 冯应谦、黄懿慧. 华人传播想象 [M]. 香港：香港中文大学、香港亚太研究所, 2012.

[12] 翁秀琪. 台湾传播学的想象 [M]. 台北：巨流图书公司, 2004.

[13] 鲁川. 汉语语法的意合网络 [M]. 北京：商务印书馆, 2001.

[14] 季羡林. 三十年河东 三十年河西 [M]. 北京：当代中国出版

社，2006.

[15] 彭岚嘉等. 中国西部文化产业发展战略选择［M］. 北京：中国社会科学出版社，2008.

[16] ［美］克莱·舍基. 未来是湿的［M］. 北京：中国人民大学出版社，2009.

[17] ［美］克莱·舍基. 认知盈余［M］. 北京：中国人民大学出版社，2012.

[18]［美］詹姆斯·韦伯·扬. 创意［M］. 李旭大，译. 北京：中国海关出版社，2004.

[19]［美］克利福德·格尔茨. 文化的解释［M］. 韩莉，译. 南京：译林出版社，2008.

[20]［美］赫舍尔. 人是谁［M］. 贵阳：贵州人民出版社，1994.

[21]［美］罗杰·菲德勒. 媒介形态变化：认识新媒介［M］. 北京：华夏出版社，2000.

[22]［美］斯蒂文·小约翰. 传播理论［M］. 北京：中国社会科学出版社，1999.

[23]［美］肯尼思·科尔森. 大规划［M］. 游宏滔，饶传坤，王士兰，译. 北京：中国建筑工业出版社，2006.

[24]　［美］克利福德·格尔茨. 地方知识［M］. 北京：商务印书馆，2014.

[25]［英］安东尼·吉登斯. 现代性的后果［M］. 上海：译林出版社，2011.

[26]［英］特里·伊格尔顿. 理论之后［M］. 商正，译. 北京：商务印书馆，2009.

[27]［英］马科斯·杜·索托伊. 素数的音乐［M］. 孙维昆，译. 长沙：湖南科学技术出版社，2007.

[28]［英］维克托·迈尔-舍恩伯格，肯尼斯库克耶. 大数据时代［M］. 盛杨燕，周涛，译. 杭州：浙江人民出版社，2013.

［29］［加］纪克之. 现代世界之道［M］. 刘平，谢燕，译. 北京：北京大学出版社，2010.

［30］［日］日本建筑学会. 建筑论与大师思想［M］. 徐苏宁，冯瑶，吕飞，译. 北京：中国建筑工业出版社，2011.

［31］张金海.20 世纪广告传播理论研究［M］. 武汉：武汉大学出版社，2002.

［32］施议对.（增订）人间词话译注［M］. 长沙：岳麓书社，2008.

［33］王明嘉. 字母的诞生［M］. 台北：积木文化出版公司，2010.

［34］黄旦，沈国麟. 理论与经验——中国传播研究的问题及路径［M］. 上海：复旦大学出版社，2013.

［35］肖峰. 信息主义及其哲学探析［M］. 北京：中国社会科学出版社，2011.

［36］霍有光."信息哲学"的争鸣与思辨［M］. 广州：世界图书出版广东有限公司，2013.

［37］邬焜. 古代哲学中的信息、系统、复杂性思想［M］. 北京：商务印书馆，2010.

［38］郝明工. 无冕国度的对舞［M］. 昆明：云南人民出版社，2002.

［39］张金海，程明. 广告经营与管理［M］. 北京：高等教育出版社，2003.

［40］邓安庆，邓名瑛. 文化建设论［M］. 长沙：湖南人民出版社，1998.

［41］廖秉宜. 自主与创新：中国广告产业发展研究［M］. 北京：人民出版社，2009.

［42］杨海军. 中外广告通史［M］. 北京：高等教育出版社，2012.

［43］张京祥. 西方城市规划思想史纲［M］. 南京：东南大学出版社，2005.

［44］盂泽. 有我无我之境［M］. 长沙：湖南文艺出版社，1996.

［45］胡玉娟. 罗马平民问题的由来及研究概况［J］. 史学月刊，2002（3）.

[46] 刘小卉. 因为懂得，所以慈悲——浅论 90 年代中国电影的平民化倾向 [J]. 电影创作，2000 (4).

[47] 王朝晖. "平民化"—制作理念和实践 [J]. 中国电视，2001 (3).

[48] 周正昂. 晚报特稿平民化的丰富内涵 [J]. 新闻与写作，2001 (11).

[49] 田秋生. 广东报纸文学副刊的平民化和娱乐化走向 [J]. 广州大学学报（综合版），2001 (3).

[50] 陈丽霞. 试论报纸的平民化趋向 [J]. 新闻与信息传播研究，2002 (夏季号).

[51] 喻国明. WTO 背景下中国媒介产业的机遇与挑战 中国媒介产业的现实发展与未来趋势 [J]. 新闻与传播，2002 (5).

[52] 罗以澄，毛晓梅. 关于当前媒体市场现状与走向的对话 [J]. 新闻与传播评论，2001 年卷：235，武汉大学出版社，2002.

[53] 南振中. 对"三贴近"本质和核心的思考 [J]. 新闻战线，2002 (12).

[54] 牛丽红. "电视民生新闻热"理性回归的价值取向 [J]. 西北民族大学学报（哲学社会科学版），2006 (4).

[55] 石晨旭. 中国中央电视台《海峡两岸》节目研究理念与架构 [J]. 广告大观（理论版），2012 (12)：37－44.

[56] 张磊，吴天飞. 社会新闻的"平民化"不等于"庸俗化" [J]. 新闻传播，2002 (5).

[57] 梁衡. 要坚持平民化方向 [J]. 新闻传播，2001 (10).

[58] 文选德. 关于社会发展与文化建设的思考 [J]. 文化研究，1996 (3).

[59] 周自祥. 媒介平民化理念的思考 [J]. 当代传播，2005 (2).

[60] 计亚萍. "内卷化"理论研究综述 [J]. 长春工业大学学报（社会科学版），2010 (3)：48.

[61] 刘世定，邱泽奇. "内卷化"概念辨析 [J]. 社会学研究，2004

(5).

[62] 张祥龙. 概念化思维与象思维 [J]. 杭州师范大学学报（社会科学版），2008（5）.

[63] 郭中实. 概念及概念阐释在未来中国传播学研究中的意义 [J]. 新闻大学，2008（春季号）.

[64] 崔利萍. 从中国元素到中国精神 [J]. 艺术百家，2012（2）.

[65] 杨立川，高小燕. 中国广告界的"中国元素"运动解析 [J]. 中国媒体发展研究报告，武汉：武汉大学出版社，2009·广告卷：182.

[66] 王英才，封艺，洪浩. 论中国元素在广告中的运用 [J]. 企业科技与发展，2013（18）：65

[67] 刘悦坦. 20 世纪世界广告理论中的"人"、"术"、"物"[J]. 中国媒体发展研究报告，武汉：武汉大学出版社，2009·广告卷：75.

[68] 成阳. "中国元素"内涵精神性观念系统新论 [J]. 美的历程，2012（8）.

[69] 邵龙宝. 中国元素：实现中国梦的文化基因 [J]. 兰州学刊，2013（7）：10.

[70] 吉汉，刘蒙之. 三十年来的中国元素运动 [J]. 新闻知识，2009（5）：18.

[71] 杨生平. 试析格尔茨文化观 [J]. 贵州社会科学. 2014（2）：66.

[72] 张金海，周丽玲. 我国广告理论研究现状 [J]. 中国广告，2004（9）.

[73] 夏文蓉. 论中国广告传播理论的建构 [J]. 新闻大学，2008（2）.

[74] 胡晓云. 现代中国广告学理论研究历程及现状 [J]. 现代广告学刊，2005（110）.

[75] 刘健安. "湖南电视现象"与湖湘文化 [J]. 理论与创作，2001（1）.

[76] 唐浩鸣. 湖湘文化及其当代价值 [J]. 求索，2004（12）.

[77] 施金琰，施瀚文. 论洞庭——湖湘文化 [J]. 湖南师范大学社会科学

学报，2003（4）.

　　［78］许定国. 灵泛洒脱美：船山美学湖湘文化基因互补现象解读［J］. 船山学刊，2009（4）.

　　［79］柯闻秀. 湖湘文化的三次大融合及其包容性特征的形成［J］. 株洲师范高等专科学校学级报，2006（1）.

　　［80］陈甲标. 湖湘文化兼容性特征的形成与影响［J］. 湖南社会科学，2000（6）.

　　［81］魏文彬. 湖湘文化与电视湘军［J］. 中国广播电视学刊，2007（7）.

　　［82］万里. 湖南形象塑造与湖湘文化创新［J］. 企业家天地，2009（8）.

　　［83］傅才武. 建设"两型社会"发挥文化产业特殊作用［J］. 中国地质大学学报（社会科学版），2009（4）.

　　［84］罗能生，林志强，谢里. 湖南文化产业结构优化研究［J］. 财经理论与实践，2009（5）.

　　［85］李倩. 湖南文化产业跨越式发展的战略思考［J］. 企业家天地（理论版），2009（6）.

　　［86］罗蕾. 湖南文化产业发展现状与对策［J］. 经济地理，2009（1）.

　　［87］易笑. 借鉴国际经验谋划湖南文化产业发展［J］. 新湘评论，2009（2）.

　　［88］石凤妍等. 湖南大力进行文化创新 发展文化产业的启示［J］. 理论前沿，2009（1）.

　　［89］赵琼，刘伟辉. 湖南发展文化产业的问题及对策研究［J］. 商场现代化，2008（35）.

　　［90］肖琴. 湖南文化产业发展态势分析［N］. 湖南城市学院学报，2008（6）.

　　［91］张羽. 对媒介批评若干基本问题的再思考［J］. 今传媒，2006（10）.

　　［92］饶世权. 特种广告的法律规制［J］. 商业研究，2005（12）.

　　［93］陈湘源. 岳阳历史文化研究失误原因探析［J］. 岳阳职业技术学院学

报，2006（6）．

　　［94］陈凯旋．历史文化名城岳阳及其保护规划［J］．湖南城建高等专科学校学报，2003（3）．

　　［95］彭民科．关于岳阳南湖旅游开发主题定位问题的探讨［J］．云梦学刊，2000（3）．

　　［96］赵煌庚．论城市旅游形象定位条件及模式选择［J］．云梦学刊，2004（1）．

　　［97］张河清，方世敏．怀化旅游形象定位研究［N］．怀化学院学报，2004（8）．

　　［98］向黎．怀化城市形象定位的再探讨［J］．中外建筑，2009（4）．

　　［99］方世敏．怀化旅游特色及形象定位［J］．云梦学刊，2002（5）．

　　［100］李玉华．欠发达地区城市旅游形象定位研究——以湖南省怀化市为例［J］．经济视角，2012（11）．

　　［101］陈才明．试论开发区建设在实施怀化中心城市发展战略中的定位［J］．湖南经济，2000（10）．

　　［102］冯东飞，韩琳．延安红色文化资源在思想政治理论课中的育人功能［J］．思想政治教育研究，2011（2）．

　　［103］刘毅．革命概念的本义与语义膨胀［J］．读书，2013（5）：35－36.

　　［104］任平．脱域与重构：反思现代性的中国问题与哲学视域［J］．现代哲学，2010（5）．

　　［105］朱桂莲．近年来我国红色文化研究文献述评［J］．宁夏大学学报（人文社会科学版），2010（6）．

　　［106］康兴民．旧石器时代晚期骨针功用及对中国远古文明萌生的影响［J］．中国包装，2013（9）．

　　［107］冯兴无．中国旧石器时代骨、角器研究的历史与现状［C］//第九届中国古脊椎动物学学术年会论文集．董为主编．北京：海洋出版社2004：183－191.

　　［108］李光．解密大陆红色文化产业链［J］．凤凰周刊，2013（6）：20.

［109］秦杰.红色文化创意产业的核心理念［EB/OL］.中红网［2011 - 11 - 18］http：//www. crt. com. cn.

［110］沈望舒.文化传承体系的"集成之道"［EB/OL］.瞭望·新闻周刊［2013 - 2 - 13］http：//www. lwgcw. com.

［111］蔡尚伟,刘锐.关于"十二五"文化产业规划编制若干问题的思考［EB/OL］.中国文化产业信息网［2009 - 06 - 28］http：//www. ci - 360. com.

［112］湘江：一条流淌哲学的河流［N］.湖南日报理论版,2011 - 5 - 14.

［113］叶铁桥.奥运开幕式大解读［N］.中国青年报,2008 - 08 - 10.

［114］付宝华.文化、城市文化与城市主题文化辨析［N］.中国文化报,2008 - 04 - 08.

［115］陈国柱.岳阳文化产业发展环境调查［N］.中国文化报,2002 - 04 - 06.

［116］任宇波.最早的商标：济南"刘家功夫针铺"〔N〕.大众日报,2012 - 10 - 09.

后 记

"欲穷千里目，更上一层楼"。于是，源于土而可以高于土。将这种具体认识转化到思维领域，便可称为创意思维。这也许可以是"仰望星空"的一种中国方式，无论身处何方，总是牵挂着地面。于是还有"庭院深深深几许"，很多人都对这一句很是迷醉。将这"更上层楼""深几许"视作思维方式不知道有几人认同，但这似乎已与我们熟悉的"归纳""演绎"等说得较多的思维方法有了区隔特点的新样式。总觉得"别样"二字给了我很多，有了它便有了盘活江南文化的密码。让人欣喜的是，学界这些年越来越关注这一中国文化积淀深厚的核心主题的价值，甚至上升到要寻找"如何出场"。也许，今年底于乌镇召开的第二届世界互联网大会已形成了精彩的事实上的古老与现代有机结合与创意的"业界回答"，正等着学术再发问。

自1996年起，历19载，穿越湘大、兰大、武大、湖大四座大学校门，第一次有了这本小书，算是回报给我生于斯长于斯的汇聚着世界各种资源的学术土壤。本书绪论与最后篇章是新近写成，中间是各种因缘际会断断续续的积累。因为关注主题足够宽广，乍一看，整体结构好像是预先设计的总分逻辑关系，这也许是大传播研究的特点，只要网线足够宽广，孤立的便超越了孤立，产生了联结的额外效应。本想再增删细化有些章节内容，转念想也许原生态方式更有研究经历的真实"脚印"价值，故尽量保持当时成文时原样，不知道读者诸君是否理解。这种生长出的"结构"让我更多体味"深几许"的味道，没有观点没有感觉的时候就是没有，有了就是有了。我也读到很多研究者有此真切体会，表达出来算是一种对经历过的同仁的共鸣与敬意。这是一种工作结果之外的学术生活的滋味。与文化产业最密切的当数广告业，现代广告史可以说是一部美国广告史，而詹姆斯·韦伯·扬可视作美国广告史的缩影人，他在《创意》中写道：一个创意具有某种神秘的质量，它就像在南海上漫游的水手突然发现童话般的岛屿一样。并以为不要犯"把创意一直藏在心底"这样的错误，应当公开并让它接受智者的批评。一个好创意具有自我拓展的素质。但愿本书为学术共同体所做的添砖加瓦式努力能为读者诸君垫高一点点视界。

科研是一场漫天漫地式寻找、采撷与再加工，"遇"是偶然也是必然，是过程亦是结果。在此展开唐代诗人贾岛的作品《寻隐者不遇》：松下问童子，言师采药去。只在此山中，云深不知处。但愿您与本书的"不"期而"遇"是一场"别样"的体验。

最后，感谢我的各位老师、同事同学、学生、朋友及所有交往过的人，书中文字与观点有你们各种方式的支持与帮助。联系电邮：43884545@qq.com

周自祥

2015 年 12 月 30 日于长沙岳麓山